ROMAN
DE
MERLIN
TOME PREMIER.

LE ROMAN DE MERLIN L'ENCHANTEUR.

Remis en bon Français et dans un meilleur ordre, par M. S BOULARD.

TOME PREMIER.

PARIS.

Chez BOULARD, Imprimeur-Libraire, Petite rue Saint-Louis, près la Rue Saint-Honoré, N°. 145.

1797.

AVERTISSEMENT.

Le Roman de Merlin, fut composé vers le milieu du treizieme siecle, par un nommé Robert de Borton, et traduit peu de tems après en Italien, par Antoine Tedeschi. Les trois volumes ne semblent pas être sortis de la même plume, le troisième surtout ns présente pas l'intérêt, ni le style des deux premiers; c'est un ramas de prophéties ridicules pour la plupart, et de faits absurdes et contradictoires.

Ce fut un nommé Alain Delisle, qui donna le troisième volume, avec un commentaire encore plus pitoyable.

Cet ouvrage fut imprimé la première fois à Paris, chez Verard, en 1498, en 3 vol. in-folio.

Les exemplaires en étoient devenus extrêmement rares, et ce ne fut qu'en 1788, qu'il m'en tomba un entre les mains.

J'avoue que ce fut avec peine que je me déterminai à le lire en entier ; l'incorrection du style, les contradictions et les anachronismes, furent sur le point de me décourager ; cependant, à mesure que j'avançois, j'y découvrois une morale pure, une imagination vaste, et des fictions neuves ; surtout des détails précieux sur les coutumes et les mœurs du tems, ce qui me persuada qu'on pouvoit en tirer un grand parti.

Je pensai que pour cela, il falloit se permettre des changemens essentiels dans le plan, rapprocher les faits analogues, faire disparaître les contradictions, en un mot, corriger la plus grande partie des fautes énormes qui le défiguroient, et dont la diversité des mains qui y avoient travaillé l'avoient rempli.

Ce n'est donc pas à proprement parler le même roman qui parut en 1498, quoique j'aye puisé tous tous les faits dans l'original.

Mais la diposition et la liaison sont presqu'entierement changés; je n'ai conservé que les expressions qui portent le cachet de l'originalité, ou celui de la naiveté.

J'ai respecté scrupuleusement

ce qui pouvoit nous peindre les mœurs ou les usages ; les abus, surtout ceux du clergé y sont frondés avec une sévérité cinique ; les courtisans ne sont guères plus ménagés. On y retrouve à chaque pas des traces de cette piété superstitieuse, de cette orgueil indomptable qui les a caractérisés dans tous les tems.

J'ai du adoucir, et même élaguer, quelques peintures trop libres et soumettre tout aux règles de la décence. Malgré ces deffauts, ce roman peut être regardé comme un excellent traitté de morale en action, puisque la vertu est toujours représentée sous les couleurs qui peuvent la rendre aimable, au lieu que le vice y paraît hideux, et ne reste jamais impuni.

LE ROMAN DE MERLIN L'ENCHANTEUR.

CHAPITRE PREMIER.

Origine merveilleuse de Merlin, né sans père : conseil des démons sur sa formation.

L'ennemi du genre humain, dit le Romancier, n'apprit la

I. Partie. A

naissance du fils de Dieu, qu'en le voyant descendre aux enfers pour en tirer les ames de ceux qui y étoient en dépôt jusqu'à sa venue. Frémissant de rage de voir échapper ses victimes, et prévoyant que bientôt son empire deviendroit désert, il résolut d'y porter le plus prompt remède.

Tous les Anges rebelles qui avoient participé à sa révolte et à sa punition, s'assemblèrent par son ordre dans une vaste pleine du Ténare.

Oh ! vous, dit-il, en leur adressant la parole, « qu'une noble
» émulation a porté à vous ré-
» volter contre la tyrannie d'un
» maître inflexible, vous qui
» entreprîtes de le combattre
» sous mes ordres, et qu'il a
» précipités dans ce lieu de dou-

» leur et de punition, vous savez
» avec quelle fermeté je soutins
» ce revers. Bien loin de me
» laisser abattre, je jurai une
» haine implacable à tous les ob-
» jets de sa prédilection, et mal-
» gré sa puissance, j'y ai réussi.
» L'homme qu'il avoit élevé au-
» dessus de tous les autres ani-
» maux est devenu notre proie. Il
» espéroit réparer par ce moyen
» le vuide immense que laissoit
» dans son séjour notre expulsion:
» nous avions jusqu'ici rendu
» ses projets vains; mais il a
» déjoué notre politique. Il a
» profité d'un moment d'inatten-
» tion pour envoyer son propre
» fils sur la terre, et notre em-
» pire est menacé de perdre son
» lustre. Il ne nous resteroit que
» le désespoir, si nous n'avions

» un moyen de détruire encore
» une fois son ouvrage ; je crois
» l'avoir trouvé, le voici :

» Son fils est né sans le con-
» cours d'aucun homme ; eh bien,
» produisons un pareil être. Né
» d'une intelligence comme la nô-
» tre, il en aura la perfection,
» nous lui communiquerons tous
» nos pouvoirs et nos inclinations,
» bien-tôt il nous fera autant de
» partisans que notre ennemi a
» cru nous en ôter. Il dit, et sa
» proposition reçut les plus grands
» applaudissemens. »

Il ne s'agissoit que de trouver un sujet capable de remplir des vues aussi importantes. On en proposa plusieurs, mais toutes les voix se réunirent en faveur d'Asmodée, le démon de l'impureté.

Fier de ce choix, l'orgueilleux Asmodée s'avance au milieu de l'assemblée. « Compagnons de
» mon malheur, dit-il, j'accepte
» avec plaisir la commission dont
» vous me chargez ; j'ose dire,
» que la confier à un autre, eût
» été manquer votre but, et com-
» mettre une injustice : oui, je
» vous jure de m'en aquitter de
» manière à mériter vos élo-
» ges. » En même-temps, il disparut, et dirigea son vol vers la Grande-Bretagne, dans le pays de Northumberland.

CHAPITRE II.

Asmodée jette les yeux sur une jeune fille du pays de Northumberland, pour être mère de Merlin. Moyens qu'il met en œuvre pour en venir à ses fins.

C'étoit par des crimes que l'ennemi du genre-humain devoit signaler sa venue ; il n'est guère possible d'en trouver une complication plus terrible que celle que rapporte le Romancier.

Un homme riche, estimé par sa vertu et par sa probité, s'étoit attiré la plus grande considération dans toute la contrée qu'il habitoit. Il avoit d'une femme belle, vertueuse et encore jeune, quatre rejettons, qui faisoient l'espoir et la consolation de sa vie : trois filles déjà nubiles, d'une figure charmante, et un fils au berceau. L'union la plus touchante régnoit entre ces deux époux ; le démon entreprit de renverser ce bonheur.

Il emprunta la figure d'un jeune Bachelier, parent du mari, qui venoit souvent les visiter. Il redoubla de soins, d'attentions, et de politesses pour gagner le cœur de son épouse ; il réussit à y allumer un feu violent, qu'elle prenoit pour une simple amitié ; enfin, il parvint à la rendre criminelle. Cela ne suffisoit pas à ses vues, il falloit la perdre, et porter le désespoir dans son cœur. Il publia les fautes dont elle étoit coupable, et finit par rendre le public témoin de son infamie.

Cette malheureuse ne put survivre à son déshonneur. Elle monta dans la chambre où reposoit son enfant, à peine âgé de trois ans, le sacrifia à sa rage, après quoi elle se pendit.

Le père, a qui on venoit de raconter la turpitude et la honte dont elle s'étoit couverte, se réfugia dans le même lieu pour réfléchir à son malheur. Quel spectacle pour lui; il voit d'un côté son enfant nageant dans son sang et sans vie, de l'autre, sa femme suspendue à la corde fatale. Il ne put résister à tant de coups à la fois, il fut suffoqué dans l'instant, et tomba mort.

Les voisins accoururent aux cris

douloureux de ses trois filles, et firent enlever de la maison ces victimes du désespoir.

Elles restèrent orphelines dans un âge où l'inexpérience et la vivacité des passions, tendent des piéges bien difficiles à éviter. Elles se comportèrent cependant d'une manière à ne donner sur elles aucune prise à la médisance. Elles ne recevoient presque personne, se donnoient aux soins du ménage, et à un travail assidu.

Leur persévérance dans cette conduite auroit déjoué l'ennemi, qui avoit juré la perte de toute cette infortunée famille; mais que peut la prudence humaine, lorsquelle doit combattre tous les dangers réunis!

Il alluma une violente passion dans le cœur de la cadette, pour un jeune homme, fils de leur voisin, qui lui avoit toujours témoigné beaucoup d'amitié. C'étoit le seul homme auquel elle eût osé parler; mais aussi quelle crainte pouvoit-elle avoir avec un compagnon de son enfance ? Elle devint peu à peu plus libre avec lui, s'apperçut à peine qu'il étoit entreprenant, et déjà il n'étoit plus temps de faire des réflexions, lorsqu'elle fut assurée de porter des signes certains d'une trop grande familiarité.

Malheureusement pour elle, l'auteur de sa disgrace venoit de périr dans un naufrage, et il ne lui restoit aucun espoir d'échapper à l'infamie, et même à la mort. Voilà pourquoi.

Dans ce pays, il existoit une loi bizarre, mais sévère contre celles qui manquoient à la vertu. Aussi-tôt qu'on avoit acquis la preuve de leur honte, elles étoient citées devant un tribunal, et si elles ne pouvoient s'unir par des liens indissolubles à leur séducteur, si celui-ci nioit le fait, ou refusoit de le réparer, la fille étoit irrémissiblement condamnée à être enterrée vive, à moins qu'elle ne consentît à se consacrer aux plaisirs du public, et dès-lors, tout individu avoit un droit égal à en être bien traité.

Asmodée n'ignoroit pas que le cœur de cette malheureuse étoit encore pur, malgré sa faute, et qu'elle préféreroit la mort à cette alternative ; mais c'est par cela même, qu'il espéroit arriver à son but. Il suscita une vieille voisine, fausse dévote, toujours prête à mal interpréter les actions d'autrui, qui, fière de trouver une occasion de nuire, courut vîte avertir le juge.

Aussi-tôt des satellites vinrent la saisir, et la conduisirent, demi-morte, devant le tribunal. Elle fut interrogée, et bien-tôt convaincue par son propre aveu. On lui donna le choix prescrit par la loi ; mais elle préféra sans hésiter, la mort à ce trafic honteux. Elle excita la compassion de tout le monde ; on eût desiré la sauver ; mais il n'étoit au pouvoir de personne de le proposer.

Peu satisfait de ce premier succès, le cruel démon entreprit la perte de la plus jeune. Il emprunta la figure d'une matrone vénérable, et s'introduisit dans la maison. Il commença par la plaindre des fatigues et de la retraite à laquelle elle étoit condamnée ; il la flatta sur sa beauté, lui fit des complimens, et lui dit qu'elle pouvoit faire le bonheur d'un galant homme qui brûloit pour elle du plus ardent amour.

Naturellement portée au plaisir et à l'intempérence, il n'eût pas de peine à échauffer son imagination, et cette première faute en entraîna bien-tôt plusieurs autres. Il l'avoit conduite à un tel degré de dépravation, qu'il lui fut facile de la déterminer à faire une déclaration légale de sa volonté.

Cependant, l'aînée, frappée de tant de coups à la fois, avoit conservé toute la fermeté, toute la sérénité de son ame. La perte de ses deux sœurs, n'avoit pu diminuer sa tendresse pour elles, mais elle sentit qu'elle ne pouvoit rester sous le même toit avec la plus jeune, sans s'exposer ; elle lui intima l'ordre de se retirer, et de cesser de venir dans une maison qu'elle avoit déshonorée.

Asmodée, qui conduisoit toute cette trame, ne l'avoit pas encore menée au degré de corruption où il étoit nécessaire qu'il la fît parvenir ; mais lorsqu'il la vit capable de tout faire, il la ramena dans la maison paternelle, et obligea sa sœur par des menaces et de mauvais traitemens à la recevoir.

L'infortunée, témoin malgré elle de scènes révoltantes pour une ame honnête, s'enfuyoit dans son appartement, où elle déploroit son sort et celui de sa sœur.

Un soir, qu'elle étoit plus affectée qu'à l'ordinaire de ce qu'elle avoit souffert dans la journée, son imagination se reposa avec complaisance sur certains tableaux, qui avoient fait sur ses sens plus d'impression qu'elle ne pensoit; le démon de l'impureté prit sur elle un ascendant qu'il n'auroit jamais pu obtenir sans cette circonstance, et lui fit commettre la plus grave de toutes les fautes.

On sera peut-être étonné qu'un être aussi mal-faisant, eût mis autant de combinaison pour commettre ce crime, mais son pouvoir étoit subordonné à la volonté de cette fille, et il ne devoit avoir aucune prise sur elle, tant qu'elle n'y donneroit pas son consentement.

Revenue de son délire, elle s'apperçut avec autant de surprise que d'inquiétude, de l'énormité de sa faute; mais, ce qui augmentoit son anxiété, c'est qu'elle ne pouvoit concevoir quel étoit le coupable.

Toutes les issues qui conduisoient à sa chambre étoient fermées avec soin. Des fenêtres grillées, une seule porte, assurée en-dedans avec des verroux, aucun moyen d'entrer ou de sortir sans sa permission, tout devoit la rassurer. Elle visita cependant toutes les parties de sa chambre, et elle eut la certitude, que qui que ce soit n'y avoit pénétré; mais son étonnement n'en étoit que plus grand, parce qu'elle ne pouvoit douter que l'insulte n'eût été aussi grande qu'elle pouvoit l'être.

Elle passa le reste de la nuit dans

dans l'inquiétude et les larmes, et le lendemain, dès que le jour parut, elle courut se jetter aux pieds d'un vieux solitaire nommé Blaise, en qui elle avoit une confiance illimitée. Elle lui fit la confidence entière de tout ce qui s'étoit passé, et le jetta par ce récit dans la plus grande surprise. Mais, ma chère amie, lui dit-il, ne vous alarmez-vous pas aussi trop aisément, sur une chose qui ne peut avoir de réalité que dans une imagination exaltée. — Hélas! non. Il ne m'est pas possible de douter de mon malheur, trop heureuse s'il ne me conduit pas au sort de ma sœur.

Le solitaire, malgré cette assurance, n'ajouta aucune foi à ce récit; il lui donna des consolations, et l'engagea à se tranquilliser, et à veiller sur elle-même, avec plus de soin que jamais.

Elle reprit le chemin de sa maison, avec un peu plus de consolation qu'elle n'en étoit sortie ; mais ce calme ne fut pas de longue durée, elle ne put bien-tôt plus douter de la réalité de sa foiblesse, en se sentant enceinte. Oh! malheureux enfant, s'écrioit-elle dans sa douleur, sous quels auspices vas-tu recevoir le jour ; ta mère ne pourra te prodiguer ses soins, une mort honteuse sera la suite de ta naissance, et toi que deviendra-tu, privé de tout appui ?

Ce qu'elle prévoyoit arriva. Sa sœur ne fut pas plutôt certaine de l'état où elle se trouvoit, qu'elle courut la dénoncer aux juges. Elle ne pouvoit lui pardonner l'improbation qu'elle avoit donnée à sa conduite, et la vertu qu'elle avoit constamment pratiquée.

Elle comparut devant le tribunal, avec ce calme, que peut seul donner une conscience pure et irréprochable ; elle ne répondit à l'interrogatoire que par un simple exposé des faits. Ce récit fut regardé par tout le monde, comme un Roman inventé à plaisir, pour sauver sa vie. Elle persista constamment à répondre la même chose, à toutes les questions qui lui furent faites, et les juges, convaincus que c'étoit par obstination qu'elle tenoit ce langage, la condamnèrent d'une voix unanime à subir la peine portée par la loi.

Dans l'instant même où l'on venoit de prononcer cette sentence, le solitaire Blaise, pour lequel tout le monde étoit pénétré de respects, se présenta dans la salle. Seigneurs, s'écria-t-il, je viens prendre la défense de cette jeune infortunée, je ne la crois pas coupable ; mais le fût-elle, j'implore votre humanité, pour le fruit qu'elle porte dans son sein, il est innocent, et ne peut être puni pour la faute de sa mère, la loi demande une victime, mais ce seroit lui en immoler deux, attendez donc après qu'elle sera délivrée, si elle est innocente, le ciel ne l'abandonnera pas, il lui donnera quelque moyen de se justifier, j'opine à ce qu'elle soit conduite à la tour, et qu'elle y soit gardée soigneusement, jusqu'après son accouchement.

CHAPITRE III.

Naissance de Merlin. Prodige par lequel sa mère échappe à la mort. Ses prédictions dès l'âge le plus tendre.

Blaise jouissoit d'une si grande considération, et sa demande étoit si juste, qu'il l'obtint facilement. La jeune personne fut enfermée avec soin ; on lui donna deux femmes pour veiller à sa santé et la soulager dans le moment de ses couches, mais toute communication extérieure lui fut sévèrement interdite, ses compagnes même ne pouvoient ni donner, ni recevoir de leurs nouvelles.

Au terme ordinaire, la prisonnière mit au monde un enfant mâle, d'une force et d'une grandeur extraordinaires, d'une figure assez agréable, à cela près, qu'il avoit les yeux d'un verd d'émeraude, et d'un brillant dont on ne pouvoit soutenir l'éclat.

La mère sentit en le voyant un plaisir qu'elle ne pouvoit définir, elle le serroit dans ses bras avec une tendresse incroyable. Elle pria avec instance qu'on lui administrât le Baptême ; parce que, disoit-elle, plus sa naissance paroît mystérieuse, plus je dois prendre de précautions pour le soustraire à l'ennemi commun. On la satisfit, on lui accorda même un sursis à l'exécution de la sentence, pour qu'elle eût le temps de donner ses premiers soins à son enfant, pour lequel, tous ceux qui l'approchoient, se sentoient de la tendresse.

Les femmes qui partageoient sa captivité, avoient oublié le desir si naturel de recouvrer leur liberté, et si quelquefois elles murmuroient d'être si long-temps renfermées, il suffisoit qu'il les fixât, ou qu'il leur fît une caresse, pour qu'elles cessassent leurs plaintes.

Une année s'étoit déjà écoulée ; l'enfant auquel la mère avoit donné le nom de Merlin, en considération de son ayeul qui s'appelloit ainsi, avoit tellement profité, qu'il paroissoit avoir au moins quatre ans.

Les Juges pensèrent qu'il étoit temps de faire mettre leur sentence à exécution : en conséquence, ils firent signifier à la mère, qu'elle eût à s'y préparer pour le lendemain. Cette nouvelle l'accabla. Oh, mon cher enfant, disoit-elle, en l'arrosant de ses larmes, que vas-tu devenir. Ah! du moins, si j'étois sûre que tu seras heureux, et que tu ne maudiras jamais celle qui t'a donné le jour.

Non, ma mère, reprit celui-ci, en la regardant tendrement, je ne vous maudirai pas, vous ne m'abandonnerez pas, et vous ne serez pas victime d'une loi injuste et barbare. Une puissance surnaturelle veille à votre conservation, toutes les forces humaines réunies seroient impuissantes pour vous nuire, croyez-moi, tranquillisez-vous, le temps de votre délivrance approche. Elle fut si surprise de ce prodige, qu'elle tomba sans connoissance, et les femmes tellement effrayées, qu'elles prirent la fuite, en jettant les hauts cris.

Le bruit de cette nouvelle se répandit dans toute la ville, on ne parloit que de l'enfant extraordinaire, la plûpart révoquoient en doute ce fait, et accusoient de mensonge celles qui assuroient en avoir été témoins.

Les Juges envoyèrent aussitôt chercher la prisonnière, qui comparut avec son fils dans ses bras. Femme égarée, lui dit le le chef du tribunal, avez-vous quelque chose à alléguer pour éviter la punition de votre faute; une année de réflexion a-t-elle changé votre manière de penser, ou persistez-vous dans le récit de la fable que vous nous aviez racontée. Parlez, il est encore temps, ou préparez-vous à la mort.

Merlin s'échappa des bras de sa mère, et courant au milieu de la salle, il regarda fixement tous les assistans. « Oh vous, leur dit-il,
» qui disposez ainsi de la vie de
» vos concitoyens, osez-vous bien
» prononcer sans aucune preuve,
» la peine de mort contre une
» femme qui se dit innocente. Est-
» ce parce que vous ne com-
» prenez pas la cause, que
» vous rejettez l'effet; mais vous
» ne savez pas comment se fait
» la végétation, vous ignorez la
» cause de la chaleur et de la
» lumière du soleil, cependant
» aucun de vous ne peut en nier
» l'action sur la terre. De quel
» droit punissez-vous de mort une

» faute que la nature elle-même
» prescrit impérieusement ? Ah!
» plutôt, abrogez une loi de sang
» souverainement injuste. Le cri-
» me n'est-il donc crime que par
» la publicité ; réfléchissez bien,
» que si l'on punissoit tous les
» coupables, la plus grande par-
» tie des femmes marcheroient au
» supplice. Vous-même, ajouta-
» t-il, en adressant la parole au
» Président, pourriez-vous as-
» surer que votre mère n'a ja-
» mais manqué à la foi conju-
» gale, et que vous n'êtes pas
» le fruit d'un adultère, beau-
» coup plus punissable sans doute
» que le délit dont ma mère est
» accusée, puisqu'elle n'a jamais
» fait serment de fidélité à per-
» sonne ? »

Les Juges et tous les assistans

furent également étonnés d'entendre parler un enfant de cet âge, et de la sagesse de son discours. Chacun se regardoit sans rien dire, sans oser prendre la parole ; mais le Chef du Tribunal, qui se trouvoit personnellement désigné, crut devoir rompre le silence.

Ce que tu viens de dire est sage à bien des égards ; mais je te préviens que la calomnie est un mauvais moyen de se justifier. Tu as désigné particulièrement ma mère comme coupable ; je vais te donner une grande preuve de mon amour pour la justice. Si tu le prouve, elle subira la peine prononcée contre les adultères ; mais si tu ne le fais pas, il en est une contre les calomniateurs, à laquelle tu n'échapperas pas.

Cela sera plus facile que tu ne pense, reprit Merlin ; mais réfléchis bien aux suites que pourroit avoir ta curiosité ; il est des vérités qu'il vaut mieux ignorer, que de soulever le voile qui les cache, déclare ma mère quitte envers la loi, et ne parlons plus du passé.

Non pas, s'il vous plaît, reprit celui-ci, qui crut que cela ne tendoit qu'à l'effrayer ; puisque tu as été si loin, il n'est plus temps de reculer ; administre tes preuves. — En ce cas, reprit Merlin, faites la donc venir, nous verrons comment elle se tirera d'affaire.

Un moment après elle parut, conduite par un Sergent. Dame, lui dit le Juge, cet enfant vous accuse d'un délit grave, il a demandé votre présence, il a promis des preuves, veuillez bien donner des éclaircissemens sur ce qu'il vous demandera.

Madame, dit Merlin, savez-vous qu'on ne doit jamais mentir dans le temple de la justice, et que c'est se rendre doublement coupable, que d'y déguiser la vérité ? répondez donc précisément et clairement à mes questions, c'est en son nom que je parle. Quel est le véritable père de l'homme ici présent, que vous appellez votre fils ? — Belle demande, reprit-elle, d'un air moitié riant, moitié inquiet, mon époux apparemment, quel autre pourroit-ce être ? — Dame, il est des choses qui semblent plus évidentes, et qui n'en sont pas moins fausses : eh bien ! puisque la vérité vous répugne, autant je vais la dévoiler ; c'est bien la moindre satisfaction, que vous deviez à la justice que vous outragez.

Vous rappellez-vous l'époque à laquelle vous vous apperçûtes que vous étiez enceinte. Votre mari, mécontent de votre conduite, vous avoit abandonnée dupuis un temps assez long, pour ne pouvoir s'attribuer les honneurs de cette paternité. Inquiète sur les suites de votre imprudence, vous consultâtes un Religieux, supérieur d'une maison voisine de la vôtre, qui venoit souvent vous consoler de l'absence de votre époux. Il vous conseilla de ne pas perdre de temps pour vous racommoder avec lui, vous en sentîtes toute l'importance, et malgré votre répugnance, vous mîtes en œuvre tant de moyens, qu'il consentit à vous reprendre. Vous n'avez sûrement pas oublié que c'est d'une de ces conférences avec le Religieux que date la naissance de votre fils, tandis que sept mois seulement s'étoient écoulés depuis votre réconciliation. Ce fut pour couvrir ce déficit, que vous feignîtes une chûte qui paroissoit avoir accéléré sa naissance ; mais si les paroles ne suffisent pas pour vous convaincre, on peut envoyer chez le Moine, on trouvera dans sa cassette plusieurs écrits de votre main, dans lesquels vous faites une confession assez ingénue de touts les faits relatifs à cette affaire.

Pendant cette explication, la bonne dame rougissoit et pâlissoit alternativement ; le Juge étoit
dans

dans un état difficile à décrire. Enfin, elle ne put résister plus long-temps à une scène aussi violente, et tomba sans connoissance. On la transporta dans une pièce voisine, et chacun eut ordre de se retirer.

CHAPITRE IV.

MERLIN dévoile la conduite d'un Prieur simoniaque, d'un Médecin avare, d'un Evêque gourmand.

Merlin resta avec sa mère en attendant qu'on prononçât définivement sur son sort. Oh ! cruel enfant, lui dit le Juge, en le regardant, que puis-je penser de toi, tu n'est pas un être ordinaire, va, retire toi en paix avec ta mère, puisse-tu n'employer la puissance dont tu est revêtu, que pour l'avantage du genre humain.

Celle-ci se trouva fort en peine. Sa sœur s'étoit emparée de tous ses biens, et les avoit dissipés, on ne savoit même ce qu'elle étoit devenue. Heureusement, une femme vertueuse, qu'elle avoit connue avant son malheur, lui offrit un asyle, où elle se retira avec son fils.

L'aventure de Merlin étoit trop merveilleuse, pour ne pas exciter beaucoup de curiosité, les gens d'Eglise sur-tout, s'en emparèrent, pour savoir à quoi ils devoient s'en tenir sur ce prodige.

Il y avoit auprès de la maison qu'il habitoit un Couvent de Religieux, dont le Prieur l'engagea de venir souvent visiter son église. On ne le regardoit plus comme un enfant, et ses paroles passoient assez généralement pour des oracles; il est vrai qu'il trouvoit de temps en temps des incrédules, mais ils apprenoient à leurs dépens que sa science n'étoit pas une chimère.

Un jour qu'il assistoit à la Messe du Prieur, celui-ci se retourna, tenant à sa main l'hostie. Merlin, lui dit-il, je te conjure, au nom de celui qui es ici présent, de me déclarer qui tu es ; au nom de qui tu prédis l'avenir, et ce que tu penses de notre Religion.

Tu connois mon origine, répondit-il, sans hésiter, elle n'est un secret pour personne. Ce n'est pas au nom de celui qui m'a engendré que je fais usage de ma science, et je crois fermement tous les mystères de l'Eglise. Le Religieux fut satisfait de sa réponse, et termina sa messe

Après avoir quitté ses ornemens sacerdotaux, il revint auprès de Merlin, qui le saisissant par sa robe. Oh! combien votre respectable Fondateur auroit à s'applaudir d'une si belle institution, si le fond répondoit toujours à l'apparence ; et vous en particulier, combien avez-vous de reproches à vous faire ?

Le Moine fut extrêmement surpris de cette apostrophe. Enfant unique, lui dit-il, pourquoi me fais-tu cette attaque que je ne crois pas mériter. — Rappellez-vous ce qui vous arriva, lorsque vous n'étiez encore que simple Religieux. On vous avoit confié la garde du trésor ; l'Evêque s'adressa à vous pour obtenir, à titre de prêt, cinquante marcs d'argent dont il avoit besoin. Vous consentîtes à les lui confier, mais lorsqu'il voulut vous les rendre, vous les refusâtes, en lui observant qu'il avoit des moyens de s'aquitter envers vous

Il sentit ce que vous desiriez de lui, aussi, cette Abbaye étant devenue vacante, il employa tout son crédit pour vous la faire obtenir, et y réussit; c'est donc au prix de cinquante marcs d'argent que vous avez achetté la place que vous occupez.

L'Abbé connoissoit toute la vérité de ce reproche. Il étoit homme de bien, plusieurs fois il avoit gémi de la faute qu'il avoit commise, il avoit résolu de la réparer, mais il étoit retenu d'un côté par la honte, de l'autre par l'ambition; cependant il n'hésita pas à faire le sacrifice de l'une et de l'autre, et donna sa démission entre les mains du Chapitre.

Les Religieux, touchés d'une acte de délicatesse aussi rare; d'ailleurs n'ayant qu'à se louer de son administration, le réélurent aussi-tôt. Merlin qui étoit présent, prit ensuite la parole.

« Sire Abbé, dit-il, si votre
» religion étoit bien maintenue
» au siècle à venir, moult seroit
» à priser et à louer, mais elle
» ira en orgueillant, et tant sur-
» montera son orgueil de plus en
» plus, jusqu'à temps qu'ils rece-
» vront une collée tretous en-
» semble ; si que encore qu'ils fus-
» sent bien garnis de rentes, à
» peine trouveront-ils de quoi
» manger. »

Il finissoit cette prophétie, lorsqu'un Médecin, que la curiosité avoit amené dans l'Eglise, s'approcha de lui. Cet homme crut l'embarrasser, en lui faisant des questions captieuses, et beaucoup au-dessus de son âge. — Avant de répondre à ce que tu me demandes, reprit l'enfant, satisfais à quelques-unes de mes questions. Quel homme est le plus estimable et le plus sage, ou de celui qui exerce sa profession avec un noble désintéressement, qui prodigue gratuitement les soins les plus assidus aux indigens, qui a plus en vue de soulager l'humanité souffrante, que d'amasser des richesses, ou de celui dont toutes les vues sont dirigées par un desir insatiable d'entasser des trésors, qui ne prête son ministère qu'à celui qui le paye le plus généreusement, et qui bien loin de faire un bon usage de son argent, le cache avec le plus grand soin, en se refusant même le nécessaire. Tu sais que cette conduite ta procuré une très-forte somme, que tu a enfouie dans ton jardin, à côté de la porte de ta chambre ; mais des voleurs plus fins que toi, ont découvert le trésor, et dans ce moment, t'épargnent la peine de le garder.

A ces mots, le Myre, ou Médecin fit un grand cri, s'élança vers la porte, et s'enfuit à toutes jambes. Cependant Merlin lui crioit, attends donc un moment, viens entendre la réponse à tes demandes, tu arriveras trop tard, le coup est fait.... Ils n'entendoit rien, et fuyoit toujours. Cette leçon parut très-plaisante aux spectateurs ; mais il en donna une autre plus sérieuse à l'Evêque, quelques jours après.

Ce Prélat, bon homme d'ailleurs, étoit un peu adonné au péché de gourmandise. Il eût envie de voir Merlin, pour cela il se transporta un après-midi dans l'Eglise où il étoit le plus souvent ; quelle fut sa surprise de se sentir repoussé par une main puissante, qui ne lui permettoit pas d'avancer. Etonné de ce phénomène, il prit le parti de s'en retourner, mais il revint le lendemain, et il n'éprouva aucune difficulté.

Il s'adressa à celui-ci, et le pria de lui dire le sujet de cette singularité. — Vous êtes étonné de ce qui vous est arrivé, sondez votre conscience, convenez que vous avez bien des choses à vous reprocher. Avant hier, un Bourgeois, qui connoît votre penchant vers les plaisirs de la table, vint vous offrir un chevreuil, sous les conditions que vous donneriez à son fils, sujet incapable, un bénéfice vacant par la mort du titulaire. Vous craignîtes, en le refusant, de vous priver d'un mets que vous aimez avec passion, et vous lui accordâtes aussi-tôt sa demande : ainsi vous avez sacrifié à votre gourmandise, le bien de l'Eglise, et la récompense d'un excellent sujet. C'est cette viande impure, dont votre estomach étoit chargé, qui vous interdisoit l'entrée de ce lieu : l'Etre Suprême ne vouloit pas admettre dans son Temple, un homme, qui, possédant plus de mille marcs d'argent de revenu, se prête à un trafic aussi honteux.

L'Evêque se retira sans répliquer, promettant bien de ne jamais s'exposer à la pénétration d'un être auquel rien n'étoit caché.

CHAPITRE V.

HISTOIRE d'un Tartuffe, qui périt en même-temps par la corde, l'eau et le feu. Dangers que Merlin court, par la trahison d'une femme, sa punition.

MERLIN étoit devenu un oracle que chacun s'empresssoit de consulter, les bons ne recevoient de lui que des consolations, mais il dévoiloit sans aucun égard, les hypocrites et les gens vicieux.

Il existoit dans la ville un homme qui ne quittoit presque pas les Eglises, sur-tout aux heures où il y avoit le plus de monde. Il se plaçoit dans le lieu le plus exposé aux regards, là, il prosternoit le visage contre terre, se frappoit la poitrine, et répétoit à haute voix, qu'il étoit un grand pécheur. Tout le monde le regardoit avec vénération, et personne n'eût osé former le moindre doute sur sa vertu.

Aussi-tôt qu'il avoit terminé sa prière, on voyoit se réunir autour de lui un grand nombre de pauvres, à chacun desquels il distribuoit une petite pièce de monnoie. Il apperçut Merlin, entouré d'une foule nombreuse, et s'approchant de lui, il lui mit une pièce d'argent dans la main ; mais celui-ci le repoussant avec indignation.

Homme faux et hypocrite, lui dit-il, depuis longt-temps tu te joue de ce que la religion et l'humanité ont de plus sacré, il est temps que je te fasse connoître.

Tu ne veux paroître religieux, que parce que cela favorise tes vues, et te donne les moyens de te livrer à tes passions. L'argent que tu distribues avec tant d'ostentation, ne t'appartient pas, il est aux dupes qui s'en rapportent à toi pour faire leurs aumônes, encore la plus forte partie reste entre tes mains.

L'innocence n'est pas plus en sûreté avec toi que l'argent. Combien de jeunes personnes ont été sacrifiées à tes passions, après leur avoir fait acheter à ce prix, des secours dont tu n'étois que le dépositaire : regarde celle qui entre dans ce moment. Hier elle fut te trouver, accompagnée de deux de ses parens, et d'un jeune homme vertueux auquel elle voudroit s'unir, elle auroit desiré que tu lui eusses accordé une dot honnête pour l'aider à vivre, mais tu l'as refusée durement. Tu savois cependant, que son père en mourant, t'avoit laissé dépositaire d'une forte somme en argent, et de plusieurs maisons.

Il t'avoit, il est vrai, chargé de veiller sur sa conduite, et de disposer de son bien comme tu le jugerois le plus convenable ; mais as-tu pu croire que l'établissement de sa fille n'y entroit pas pour quelque chose ? Tu lui répondis durement, que tu ne pouvois rien pour elle, que tout l'argent, les biens même étoient dissipés : cependant tu n'en as pas encore disposé de la plus légère partie.

Homme

« Homme dur et cruel, le ciel las de tes forfaits, va bien-tôt délivrer la terre d'un monstre qui la déshonore, tous les élémens se disputeront la gloire de contribuer à ta punition ; tu seras en même-temps suspendu à une corde, partie étranglé, partie noyé, partie brûlé. »

L'hypocrite avoit écouté ce discours les yeux baissez et l'air contrit, il cachoit sous un dehors ferme, toutes les furies qui le déchiroient. Enfant, lui dit-il, en s'inclinant humblement, je te remercie de la leçon que tu viens de me donner, je prie le Seigneur de te pardonner la calomnie dont tu as voulu me noircir ; oh ! combien les voyes du Seigneur sont incompréhensibles ! en disant ces paroles, il se retira d'un pas modéré.

Il n'étoit cependant pas aussi tranquille qu'il vouloit le paroître. Son ame étoit bourrelée par les remords, il méditoit une vengeance digne de lui.

La maison où demeuroit Merlin, étoit à peu de distance de la sienne. Tous les soirs sa mère, après l'avoir couché, se rendoit à un Monastère de Religieuses, où on lui donnoit des vivres pour le lendemain. Arristers saisit ce moment d'absence, pour y mettre le feu, espérant le faire périr dans les flammes, qu'on auroit ensuite le temps d'éteindre, avant qu'elles eussent fait d'autres progrès ; mais il fut complettement trompé dans son calcul ; l'enfant, à qui rien n'étoit caché, sortit avant l'incendie, et le vent poussa la flamme avec tant de rapidité vers la maison du Tartuffe, qu'elle fût embrâsée, avant qu'on put y porter secours. Dans le trouble où le jetta cet événement, il courut au puits qui étoit dans sa cour, et voulut tirer de l'eau, mais il le fit avec si peu de précaution, que son cou se trouva pris dans la corde, et il fut entraîné dans le puits, où il étoit presqu'entièrement dans l'eau.

Cet accident avoit attiré beaucoup de monde, on jettoit dans la cour des morceaux de bois enflâmés, que des enfans précipitoient à mesure sur le scélérat Arristers, qui souffroit en même temps trois genres de mort différens, selon la prédiction de Merlin. Il indiqua le lendemain à l'Evêque, le lieu où étoit caché son trésor. » Dans sa cheminée même, dit-il, est une trappe de fer, qui conduit à un caveau, contenant des richesses immenses en or et en argent, mais l'emploi que vous devez en faire, vous est prescrit par la justice. Il a dépouillé un grand nombre de familles, il faut commencer par les indemniser ; les pauvres ont droit à la seconde partie, et la troisième doit être appliquée aux besoins de l'Eglise.

Après ce désastre, la mère de Merlin se trouvoit plus embarrassée que jamais, sur son logement. Les Religieuses lui offrirent un asile, en attendant qu'elle s'en fut pourvue d'un autre ; elle s'y établît, mais elle n'y resta pas long-temps ; un nouvel incident la força de quitter cette retraite : voici à qu'elle occasion.

Une Dame, nommée Ramberge, avoit épousé un Chevalier recommandable par ses richesses et sa probité. Elle desiroit depuis long-temps avoir Merlin en son pouvoir. On ne sait trop pourquoi cette fantaisie lui avoit pris, elle imaginoit apparemment en faire un sujet d'amusement, à-peu-près comme d'un chat ou d'un perroquet ; elle trouvoit fort plaisant de disposer du sort de celui qui passoit pour la merveille du Northumberland.

Les gens riches de ce temps-là, n'aimoient pas plus qu'à présent, éprouver le moindre retardement à leurs jouissances ; elle se rendit immédiatement au Monastère, et demanda avec instance qu'on remit Merlin entre ses mains, promettant d'en avoir le même soin que de son propre fils. On fit quelques difficultés de le lui accorder ; la mère ne pouvoit se déterminer à s'en séparer, mais la Dame l'assura qu'elle devoit être sans inquiétude sur son sort, qu'il ne pouvoit jamais être mieux qu'avec elle ; d'ailleurs, ajouta-t-elle, la décence se trouve blessée par le séjour d'un garçon dans un Monastère de filles, l'âge même ne peut excuser cette licence contraire aux bonnes mœurs.

Merlin ne put s'empêcher de rire de cette délicatesse. On ne fuit pas sa destinée, dit-il, à ceux qui étoient présens, cette Dame sait bien peu ce qu'elle demande avec tant d'instance, je ne dois pas la refuser puisqu'elle l'exige, mais le séjour que je ferai dans sa maison ne sera pas bien long. Aussi-tôt il partit avec elle.

Ramberge étoit une de ces femmes qui aiment le plaisir, mais elle avoit eu l'art de cacher le dérangement de sa conduite, sous une apparence de régularité. Elle avoit dans sa maison un serviteur, écuyer de son mari, avec lequel elle entretenoit un commerce de galanterie, qui la conduisit à sa perte.

Le crime est toujours défiant. Ce nouvel hôte étoit bien propre à faire trembler un coupable, les preuves qu'il avoit données de son savoir effrayèrent cet amant, qui refusa nettement de continuer ses visites galantes, tant qu'il auroit un semblable surveillant. Ramberge fit son possible pour le rassurer, mais voyant que rien ne pouvoit le faire changer de conduite, elle résolut d'en faire périr la cause.

Dès la nuit suivante, elle se transporta à son berceau, et saisissant de ses deux mains la gorge de celui qui l'occupoit, elle l'étrangla sans aucune pitié. Le lendemain, le premier objet qui s'offrit à sa vue fut Merlin, qui couroit dans le jardin. Elle pensa mourir de frayeur, et s'approcha au plus vîte de son lit, où elle trouva un jeune lévrier, que son mari aimoit par-dessus toute chose, étendu sans vie. Elle fit un grand cri auquel celui-ci accourut. Il demanda avec colère quel homme avoit osé se rendre coupable d'une action si noire. Merlin répondit que c'étoit le plus grand de ses ennemis, qui avoit voulu se venger de l'attachement de cet animal pour son maître ; mais on eut beau l'interroger sur le nom du coupable, il refusa de répondre à toutes les questions.

Ramberge furieuse, se retira dans sa chambre, se promettant bien de réparer son erreur la nuit prochaine. En effet, dès que tout le monde fut couché, elle se leva doucement, et se rendit au cabinet où étoit Merlin ; mais sa préocupation la conduisit à celui qu'occupoit un neveu de son mari, à peu-près du même âge. Il s'éveilla à temps, et poussa des cris qui firent accourir son oncle, une lumière à la main. Malheureuse, dit-il à sa femme, que voulois-tu faire, pourquoi attenter à la vie de cet enfant que tu devrois chérir : retire-toi, je ne sais qui m'empêche de te punir de tes crimes.

Elle ne se fit pas répéter cet ordre, et s'enfuit dans son appartement : elle ne concevoit pas comment elle avoit pu se tromper deux fois ; mais elle n'en fut que plus acharnée à perdre son ennemi.

Elle crut que le moyen le plus certain de ne pas manquer son coup, étoit de le faire en plein jour, et de l'étouffer dans un bain, où elle devoit le faire entrer avec elle. Pour ne donner aucune suspicion, elle le traita mieux que jamais, l'accabloit de caresses, et lui accordoit tout ce qu'il pouvoit desirer.

Mon petit ami, lui dit-elle, un

jour qu'elle prenoit le bain, je veux que tu quittes tes vêtemens, et que tu viennes te placer à côté de moi, tes membres en seront plus agiles, et la propreté l'exige. Dame, reprit Merlin, tel veut tendre un piége, qui s'y trouve le premier pris, vous ne savez pas ce qui se passe au-dessous de vous, et le poids de mon corps, quelque léger qu'il semble, pourroit occasionner de grands malheurs. Croyez - moi, désistez - vous de cette fantaisie.

La Dame persista d'un ton absolu, et voulut être obéie, mais au même instant le plancher s'ouvrit, et la baignoire s'enfonça dans la pièce au-dessous ; les débris la mirent en pièce ; ainsi périt cette femme scélérate.

Merlin retourna auprès de sa

mère, qui elle-même n'étoit pas fort heureuse dans son asile. Les Religieuses avoient beaucoup rabatu de leurs charités, et ne la voyoient plus du même œil, d'ailleurs, elle redoutoient un pareil surveillant.

Celui-ci fut trouver Blaise. Mon cher maître, lui dit-il, les villes sont bien dangereuses pour un sage. La solitude est le seul lieu, où livré tout entier à la contemplation des choses célestes, il peut étudier le grand livre des perfections humaines. Il existe dans la forêt voisine, un asile paisible. C'est-là que Dieu vous ordonne par ma voix de vous retirer, ma mère et moi vous y accompagnerons, vous y serez le dépositaire de mes prophéties, que vous aurez soin de mettre en écrit, pour l'instruction des siècles à venir.

Blaise n'étoit pas sans inquiétude sur la nature de l'Etre qui lui proposoit de vivre ensemble. Sa naissance extraordinaire, sa configuration, cette pénétration incompréhensible, sur-tout dans un enfant de son âge : enfin, la défiance si naturelle aux gens de son état, qui croient toujours voir une légion de diables, à l'affût de leurs actions pour les enlacer dans leurs filets ; toutes ces considérations, dis-je, le rendoient fort incertain sur la réponse qu'il devoit faire.

Il eut recours à son rituel, et après l'avoir bien consulté à l'article *démons*, *sorciers*, *magiciens*, il lui fit la conjuration suivante. Elle m'a paru assez singulière, pour conserver les propres termes du Romancier.

« Qui que tu sois, je te con-
» jure au nom du père, du fils,
» et du Benoict Saint-Esprit,
» ainsi comme tu croie et sais
» être une seule et même chose
» en Dieu, et de la bienheurée,
» qui le fils de Dieu porta, à
» père et fils, et de tous ses apos-
» toles et de tous anges, et de
» tous archanges, prélats de sainte
» Eglise, et de tous bons hom-
» mes et bonnes femmes, et de
» toutes les créatures qui croient
» en Dieu et le prient, que tu
» ne puisses me décevoir et en-
» giner. »

Merlin ne peut s'empêcher de rire de ce galimathias, et de la frayeur de Blaise. Mon cher maître, lui dit-il, n'est-ce pas de votre main même que j'ai reçu le baptême, n'est-ce pas en votre présence que j'ai fait ma profession de foi ? Malgré mon origine, croyez-vous que Dieu ne soit pas plus puissant que moi, ou ceux de qui je tiens l'être, et qu'il ne puisse me conserver dans les bons principes que j'ai adoptés malgré eux ? Vous-même qui avez une foi si ardente, pensez-vous qu'il vous abandonnera sans motif, et pour le seul plaisir de vous perdre ? Ayez meilleure opinion de lui, et soyez confiant. Au reste, si mon serment d'être toujours le meilleur de vos amis, peut influer sur votre tranquillité, recevez le mien.

CHAPITRE VI.

MERLIN *se retire dans une solitude avec Blaise et sa mère. Punition d'un Prêtre impudique. Mort de l'Évêque, élection d'Antione à sa place.*

MERLIN partit dès le jour même pour sa retraite, mais comme elle étoit peu éloignée de la ville, il y venoit très-souvent visiter ses amis, sur-tout le Juge, qui avoit pris en lui la plus grande confiance. Il le dirigea un jour, dans une des affaires les plus délicates qu'il eût jamais eu à traiter.

Les Prêtres, dans ces siècles reculés, n'étoient ni plus continens,

nens, ni moins oppresseurs que dans celui-ci ; mais ils étoient au moins aussi sûrs de l'impunité : en voici un exemple.

Une femme de la ville, jeune et belle, avoit donné l'hospitalité à un étranger. Cet homme tomba malade, et son état devint en peu de temps si désespéré, qu'il paroissoit aux portes du tombeau. L'hôtesse courut chez un Prêtre du voisinage, le prier de venir lui administrer tous les secours spirituels.

Celui, après l'avoir examinée quelques instans, l'engagea à entrer se reposer, en atttendant qu'il se fut préparé à la suivre; lui offrit des raffraîchissement, lui fit beaucoup de complimens sur sa beauté, et finit par lui faire des proposions d'amour.

Cette femme pauvre, mais vertueuse, le repoussa avec indignation, et le menaça, s'il continuoit, de porter ses plaintes à l'Evêque ; vous le pouvez, lui dit-il, ma chère, mais pour qu'elles soient bien fondées, il est juste que je vous en donne de grands sujets ; en même-temps, il abusa de ses forces, pour lui faire le dernier outrage.

Joignant ensuite la raillerie à l'insulte, il la mit à la porte, en lui disant qu'il ne vouloit pas retarder le plaisir qu'elle auroit à solliciter sa punition.

Tremblante de honte et d'indignation, elle courut se jetter aux pieds du Chef de l'Eglise, à qui elle conta ce qui lui étoit arrivé. Ma chère, lui dit-il, après l'avoir écoutée froidement, je plains votre accident, mais que voulez-vous que j'y fasse ; le malheur est fait, il n'est pas possible d'y remédier ; d'ailleurs, il faut éviter un éclat qui compromettroit l'honneur de l'Eglise ; je vous ordonne le silence le plus absolu, sur-tout ce qui s'est passé. Il est malheureux pour vous d'avoir eu affaire à un homme puissant, si vous êtes sage, retirez-vous et ne faites pas un éclat inutile.

Elle resta muette de surprise ; est-ce donc-là disoit-elle, en s'en allant, le devoir d'un Evêque ? Non. Je dois sacrifier tout à mon honneur outragé, dussai-je périr, je serai vengée. Ces réflexions la conduisirent jusques chez le Juge, qui tenoit le tribunal. Il fut révolté du récit qu'elle lui fit, et promit de lui rendre justice. Il envoya aussi-tôt une invitation au Prêtre, de venir chez lui; eh! de quel droit, répondit celui-ci au messager, un Juge séculier se permet-il une semblable atteinte à nos priviléges; que deviendroit la religion, si elle demeuroit impunie. Dites à celui qui vous envoye, que je n'ai rien à démêler avec lui, que je ne dépends pas de son autorité, que les Loix dont il est le dépositaire me sont étrangères, et que s'il est sage, il ne s'occupera jamais que de ce qui le regarde.

Merlin venoit d'arriver, lorsqu'on apporta cette réponse au Juge qui en fut indigné. Quoi, dit-il, un homme prétendroit avoir droit à la protection des Loix, sans être soumis à leur rigueur lorsqu'il les enfreint, à tout risque, je ne le souffrirai pas. En même-temps, il donna ordre d'aller l'arrêter à main armée, et de l'amener à quelque prix que ce fut. Son ordre fut ponctuellement exécuté. Il parut avec une audace incroyable, ne nia pas le fait, mais soutint que le Juge n'avoit pas le droit de prononcer, qu'il protestoit contre une violence illégale, et contraire au respect dû à son caractère, qu'il en appelloit à l'Evêque, qui seul avoit droit de le juger.

Ce mais Dieux, Seigneur Clerc, s'écria Merlin, *vous en payerez la folle enchère,* l'Evêque a refusé justice, il faut bien qu'un autre la rende. Lorsqu'un faussaire est convaincu, on lui coupe la main.

Le Juge sentit toute la force de ce raisonnement, il en ordonna sur le champ l'application, et le Prêtre fut reporté chez lui dans un état à pouvoir recevoir les plus jolies femmes, sans aucun risque pour leur vertu.

Tout le peuple applaudit à ce jugement, mais l'Evêque fut transporté de la plus violent colère, et jura qu'il vengeroit l'honneur du Clergé. Il envoya chercher le Juge qui se rendit chez lui accompagné de Merlin. « *Je cui-*
» *doie*, lui dit-il en entrant, *que*
» *tu fusses assez sage homme, mais*
» *je t'ai trouvé fol et nice, tu as mis*
» *main sur sainte Eglise moult cruel-*
» *lement, dont jamais ne pourras*
» *amender, et le compareras chiè-*
» *rement.* »

C'est par mon conseil, reprit

Merlin, que la chose est arrivée, c'est d'après le conseil de Salomon que je l'ai donné. Ce sage Roi a dit *qu'on retranchera tout membre qui dévoye du Paradis ;* je ne crois pas qu'on puisse trouver un passage plus clair, pour autoriser ce jugement. Chef de l'Eglise, ajouta-t-il, comment veux-tu qu'on respecte les mœurs, lorsque vous donnez le plus scandaleux exemple de déprévation ; comment les Loix seront-elles en vigueur, si elles ne frappent jamais que le pauvre ou le foible, et si l'homme riche et puissant échappe à leur juste rigueur. Au lieu de faire des menaces au Juge, tu lui dois des louanges pour son courage et son équité. Souviens-toi, que le moyen d'être respecté, n'est pas d'être pourvu d'une place éminente, mais d'être le protecteur de la vertu, irréprochable dans ses mœurs, et de donner l'exemple de la soumission aux Loix, et de l'observation des qualités, que l'on recommande aux autres.

Une année s'étoit à peine écoulée depuis cette avanture, lorsque l'Evêque fut attaqué d'une maladie qui le conduisit au tombeau. Avant de mourir, il exhorta ceux qui l'entouroient à ne jamais s'écarter de la décence et des vertus de leur état, et à respecter Merlin, dont les conseils lui avoient souvent été de la plus grande utilité.

Après sa mort, le peuple se rassembla pour élire son successeur; toutes les voix se réunirent sur un saint homme nommé

Antoine, qui habitoit une solitude voisine, où il ne cessoit d'édifier tout le monde par la sagesse de sa conduite. Il aimoit Merlin, et le pria de l'aider de ses conseils ; celui-ci s'attacha tellement à lui, qu'il ne le quittoit que pour visiter sa mère et son bon ami Blaise, chargé de mettre par écrit ses actions et ses prophéties.

CHAPITRE VII.

Arrivée de Légats. Differentes espiegleries que leur fait Merlin. Ses prédictions à leur sujet. Punition de Changeurs qui avoient abusé de la confiance d'un Marchand étranger.

Peu de temps, après cette élection, on vit arriver au pays, trois Légats du Pape, envoyés pour veiller à la discipline ecclésiastique et remédier aux abus, mais sur-tout pour nommer aux bénéfices vacans. Ce droit lui étoit contesté par les Souverains, par le Peuple, par le Clergé lui-même ; mais il mettoit tout en œuvre pour envahir cette branche importante de revenus , et c'étoit pour habituer à cette innovation, qu'il déléguoit de temps à autre des Ecclésiastiques chargés de ses pouvoirs.

Il y avoit dans la ville , un homme très-riche, nommé Sinagrias , mais universellement méprisé , pour la dépravation de ses mœurs, et la bassesse de ses actions. Cet homme avoit un fils à peine sorti de l'enfance , et qui annonçoit les mêmes inclinations que son père.

Merlin qui vouloit dégoûter les Légats de leurs fonctions, et les faire connoître pour ce qu'ils étoient, prit la figure d'un ancien ami de cet homme , et fut le trouver. Mon cher Sinagrias, lui dit-il , je viens vous donner un excellent avis. Trois envoyés du Pape doivent nommer aux bénéfices, vous savez qu'il en vaque un d'un revenu considérable, et qui donne beaucoup de considération à celui qui en est pourvu, rendez-vous chez eux, faites-leur un présent honnête, ils ne refuseront pas de le donner à votre fils. Celui-ci trouva le conseil bon, et résolut de le suivre, il alla sur le champ chez un orfévre, auquel il achetta trois coupes d'or absolument pareilles qu'il fut leur offrir, et par ce moyen il obtint sans aucune difficulté sa demande.

Les Légats se présentèrent le jour suivant à l'Evêque, lui signifièrent leur bulle d'autorisation, et lui intimèrent en même-temps la nomination qu'ils avoient déjà faite. Quoi, Seigneurs, leur dit celui-ci, vous ne vous contentez pas d'envahir mes droits, vous voulez encore déshonorer mon Eglise par un semblable choix ? Vous ignorez apparemment que Sinagrias est un homme perdu de réputation, que le fils marche sur les traces de son père, et que dans tous les cas, les canons excluent un enfant de son âge d'un poste aussi important ; tandis que ce pays-ci est rempli d'une foule d'Ecclésiastiques vertueux et éclairés, pour lesquels cette place seroit une récompense méritée ?

Antoine, reprit un d'eux nommé Félix, avez vous oublié qui nous sommes, pour nous tenir un pareil langage ? prétendez-vous donc astraindre le Chef de l'Eglise à observer vos loix, lui qui peut les abroger toutes, et en substituer de nouvelles à leur place ? ne nous a-t-il pas transmis une partie de sa puissance ; et le Saint-Esprit qui guide nos actions, n'est-il pas un garant assuré de la bonté de nos choix ?

Dans cet instant on frappa à la porte, qui fut ouverte, et l'on vit entrer les trois domestiques des Légats, portant chacun à la main, la coupe d'or que leur maître avoit reçue la veille. Ils la déposèrent sur la table, et se retirèrent immédiatement.

Ceux-ci furent extrêmement surpris de cette action, à laquelle ils ne s'attendoient pas. C'étoit un tour de Merlin, qui prit aussitôt la parole. « Seigneurs, per-

» mettez-moi de vous raconter
» un petit apologue. Un homme
» avoit un grand nombre de filles
» belles et riches , dont il fut
» obligé de s'éloigner. Il leur choi-
» sit des tuteurs, chargés de veil-
» ler à l'adminisration de leurs
» biens , en leur recommandant
» d'en avoir le plus grand soin.
» Avec tant d'avantages, elles fu-
» rent recherchées en mariage par
» des personnes dignes de les pos-
» séder ; mais ces délégués, abu-
» sant de leur autorité, éloignè-
» rent tous ceux qui avoient du
» mérite, dilapidèrent leur dot,
» les prostituèrent pour en tirer
» un plus grand profit, et fini-
» par les donner à ceux qui les
» voulurent prendre au moindre
» prix. Par ce moyen, ils amas-
» sèrent des trésors immenses,

» qui leur servirent à satisfaire
» toutes leurs passions, et à se
» livrer à tous leurs vices. »

Eh bien, Messeigneurs, ces filles riches et belles, ce sont les places de l'Eglise, et les tuteurs c'est vous, qui vendez les bénéfices à des gens indignes, pourvu qu'ils vous fassent des présens. Ce n'est pas sans mystère, ni par hasard que les trois coupes d'or se trouvent ici, c'est afin que leur vue vous convainque de la vérité que j'avance. Elles sont le fruit de votre corruption, et le prix du bénéfice du fils de Sinagrias; est-il une seule de vos nominations dont le principe soit bien désintéressé ? J'en appelle à votre conscience. Au reste, je vous annonce que si vous ne vous corrigez, la vengeance

geance de Dieu, au nom duquel vous commettez toutes ces injustice, n'est pas éloignée, et qu'elle sera terrible.

Vous Félix, vous serez envoyé sous peu de temps dans la Grece, et Victor recevra la même mission pour l'Arménie. Vos âmes sont trop gangrénées pour vous corriger, vous écraserez la veuve et l'orphelin, vous protégerez les riches, quoique vicieux, au préjudice de celui qui sera vertueux, mais pauvre, et vous reviendrez de ces contrées chargés de richesses : mais vous les perdrez comme vous les aurez aquises, et la justice divine ne vous pardonnera pas.

Quand à vous Clément, votre sort est bien différent, vous ne vous êtes laissé corrompre que par le mauvais exemple, votre cœur est naturellement bon et vertueux... mais ce que j'ai à vous dire, ne ne doit être connu que de vous, ainsi nous passerons un moment dans le cabinet ici à côté.

Dans peu de temps, ajouta-t-il, lorsqu'ils furent seuls, vous serez élevé à une éminente dignité, celle de Chef de l'Eglise. Vous saurez aquérir et conserver l'estime de tout le monde, mais soyez bien en garde contre ceux qui vous approcheront, les flatteurs, les gens vicieux, les hypocrites vous entoureront, ils chercheront à se faire connoître, au lieu que l'homme d'un vrai mérite, celui qui est réellement vertueux, se tient modestement éloigné, il fuit les places, il tremble de les accepter. Faites vos choix parmi ces gens-là, ils seront toujours excellens.

Après cette conversation, Clément alla rejoindre ses confrères. Il fut également surpris et scandalisé de les voir en conversation particulière et très-animée, avec deux jeunes filles fort jolies. Ses mœurs étoient pures, il imaginoit que celles des deux autres l'étoient également. Il les aborda avec beaucoup de sévérité, et leur fit une réprimande qui leur parut d'autant plus étonnante, qu'ils imaginoient causer avec leurs domestiques, et c'étoit eux en effet, mais ce tour avoit été imaginé par Merlin pour leur inspirer le dégoût d'un pays où ils essuyoient des mortifications continuelles.

De retour à leur hôtel, ils se

mirent à causer sur ce qui leur étoit arrivé chez Antoine. Et quel est donc cet enfant, dit Félix, qui se donne les airs de nous blâmer aussi sévèrement ?..... Enfant, reprit Victor, vous n'y pensez pas, vous ne l'avez donc pas regardé, j'ai vu peu d'hommes aussi accablés de vieillesse, j'en atteste Clément. Vous vous trompez également, dit celui-ci, c'est un très-bel homme, également éloigné de l'enfance et de la décrépitude. Sa figure étoit une des plus intéressante que j'aye jamais vue, toutes les qualités de son ame y étoient peintes ; quelle différence entre les discours qu'il vous a tenus, et le radotage des veillards, ou la faiblesses des enfans.

Après beaucoup de débats sur

la figure et l'âge de Merlin, que chacun soutenoit avoir bien examiné, ils se séparèrent avec une teinte d'aigreur; Clément se retira dans son appartement, et les deux autres passèrent dans la salle où leur dîner étoit servi.

Ou peuvent donc être nos domestiques, dirent-ils, en appercevant quatre spectres ambulans qui se préparoient à les servir ? Est-on devenu devenu fou dans ce pays, de nous envoyer des hommes qui n'ont pas la force de se soutenir ? En vérité, dit Félix, j'aime mieux attendre le retour de nos gens, que de recevoir les soins de ces vieillards décrépits.

Ils attendirent en effet si long-temps, que Clément vint les rejoindre, croyant que leur dîner étoit fini, au moins depuis une heure. Que faites-vous donc ici, leur dit-il, et qui vous empêche de vous mettre à table? — Belle demande, comment voulez-vous que nous nous arrangions avec des êtres comme ceux que vous voyez; — mais ce sont les mêmes qui vous servent habituellement, qu'ont-ils donc d'extraordinaire, — il n'y a pas moyen de tenir à pareille question, s'écria Victor, où voyez-nos domestiques, — là même, vous parlez d'êtres extraordinaires, je ne vois rien moi; croyez-moi, vous n'êtes pas à vous-même, mais cela n'est pas étonnant, depuis ce matin, la tête vous tourne.

Le reste de la soirée se passa à disputer sur différens tours que leur joua Merlin, qui parvint si bien à les dégouter, qu'ils prirent la résolution d'abandonner le pays. Le lendemain ils vinrent trouver Antoine, auquel ils exposèrent que le Pape trompé par de faux rapports, les avoit envoyez pour remédier aux abus, mais que connoissant par eux-même, combien sa conduite étoit irréprochable, et son administration sage, ils croyoient leur mission désormais inutile; qu'ils en rendroient au Chef de l'Eglise un témoignage satisfaisant, et qu'ils le recommandoient à Dieu.

Antoine ne prit point le change sur les vrais motifs de leur départ, il étoit charmé d'être délivré d'hôtes aussi incommodes. Il remercia beaucoup Merlin, qui lui avoit fait part des divers tours qu'il leur avoit joué. Voici encore une preuve de sa puissance.

Un Marchand de la ville de Radiane, vint à l'audience du Juge. Seigneur, lui dit-il, je suis depuis deux jours dans cette ville, où des affaires de commerce m'appellent. J'avois apporté avec moi deux cent roctes d'or de Constantin, et pareille somme en argent de St-Hélène. Je me suis présenté chez des Changeurs qui ont abusé de mon peu de connoissance dans la monnoie du pays, pour m'enlever la plus grande partie de ma fortune. Ils ont fait eux-même le compte, m'en ont remis à-peu-la valeur de quarante-six, en me disant de repasser aujourd'hui, qu'ils me compteroient le reste. Lorsque j'ai retourné chez eux, ils ont feint de ne pas me reconnoître, ils m'ont mis brutalement à la porte, en jurant qu'ils m'aracheroient la vie, si j'insistois davantage, Je vous prie donc de les envoyer chercher, et de les obliger à me restituer ce qui m'appartient.

Le Juge donna aussi-tôt l'ordre qu'ils fussent amenés en sa présence. Ils étoient au nombre de dix. Connoissez-vous cet homme. — Nous ne l'avons jamais vu. — Vous as-t-il présenté à changer des pièces étrangères d'or et d'argent—non. — Vous rappellez-vous qu'il soit allé hier et aujourd'hui à votre maison. — Nous ne nous en rappellons pas, mais nous sommes prêts à jurer que nous n'avons rien reçu de lui.

Le Juge après leur avoir fait prêter serment, se trouva fort embarrassé ; il étoit intimément persuadé que la demande de l'étranger étoit juste, mais il étoit seul, et les Changeurs étoient dix ; ce fut encore Merlin qui le tira d'inquiétude. Seigneur, lui-dit-il, vous craignez de commettre une injustice, cela fait honneur à votre droiture, mais attendez encore quelques instans, et l'affaire s'éclaircira.

En effet, on vit arriver dix coffres, portés par autant de domestiques, dont chacun déposa le sien aux pieds de celui à qui il appartenoit. Les Changeurs furent déconcertés en les voyant; ils ne pouvoient imaginer qui avoit donné cet ordre. Le Juge leur commanda de les ouvrir, on en fit la visite, et on y trouva les deux cent roctes d'or à la marque de la ville de Constantin, et celles d'argent, au coin de Sainte-Hélene.

Ils se jettèrent à ses pieds, en avouant leurs torts, mais il prononça contr'eux une peine sévère, en les condamnant aux travaux publics ; la moitié de leurs biens fut confisqués au profit des pauvres, et l'autre fut partagée entre leurs héritiers. On rendit à l'habitant de Radiane la somme qui lui appartenoit, et il se retira en louant le Juge de son équité, et Merlin de sa pénétration.

CHAPITRE VIII.

ORIGINE *de l'Usurpateur Vertigiers, qui s'empara du trône du Roi Moines. Prodige étonnant, au sujet de la tour qui ne pouvoit être achevée. Conseil des Sages du Royaume, on envoye chercher Merlin.*

Jusqu'ici nous avons vu Merlin renfermé dans le cercle étroit d'une petite ville, donnant des leçons aux Evêques, et des conseils aux Juges, bien-tôt la sphère de ses actions va s'aggrandir, c'est dorénavant à la Cour des Rois, qu'il jouera le principal rôle.

Dans un temps si reculé, qu'il n'en reste aucune trace dans l'histoire, régnoit sur une partie de la Grande-Bretagne, un Souverain nommé Constant. Ce Prince s'étoit fait craindre de ses voisins et chérir de ses sujets, par ses vertus guerrières et son amour pour la justice.

Après un regne aussi long que glorieux, ce Roi mourut, et laissa trois fils en bas-âge, dont l'aîné, nommé Moines, lui succéda. Les grands profitèrent de sa minorité pour fouler le peuple, amasser des richesses et se rendre puissans. Un d'eux, nommé Vertigiers, fut élevé à la dignité de Sénéchal de l'Empire, la seconde du Royaume, ce qui lui donnoit une autorité presque sans bornes. Cet homme souverainement ambitieux et dissimulé, profita de la circonstance pour se faire un grand nombre de créatures, afin de tenter fortune, et s'emparer de la souveraineté, si l'occasion devenoit favorable.

Elle ne tarda pas à se présenter, telle qu'il la désiroit. Un peuple, appellé Sesnes, barbare et nombreux, fit une irruption dans le Royaume. Au lieu de leur opposer des troupes suffisantes, il leur donna le temps de se fortifier, et de recevoir de nouveaux secours. Ils se répandirent dans les campagnes comme un torrent, ravageant et détruisant tout ce qui leur résistoit ; ils jettèrent la terreur, jusques dans les places fortes.

Vertigiers qui avoit ses vues, qui peut-être même étoit d'accord avec l'ennemi, saisit ce moment de découragement pour donner sa démission de la place qu'il occupoit, en déclarant qu'il ne vouloit plus se mêler d'aucunes affaires. Moines effrayé des suites que cela pouvoit avoir, se rendit auprès de lui, et employa toutes sortes de supplications, pour l'engager à reprendre le timon des affaires, mais tout devint inutile, il fut inflexible.

Le jeune Roi ne manquoit pas de courage, mais il n'avoit ni troupes ni une expérience suffisante pour balancer ce désavantage ; cependant il somma les Barons de venir à son secours, et parvint à rassembler une petite armée. Il marcha courageusement à l'ennemi plus fort que lui du double, et lui livra bataille. Elle fut sanglante, mais il fut accablé par le nombre, et forcé de prendre la fuite.

Il se refugia dans une place forte, où il auroit encore pu espérer de tenir long-temps, et peut-être de rétablir ses affaires, mais un nouvel orage plus terrible que le premier, se formoit sur sa tête, et le fit périr.

Dix de ses serviteurs conçurent le projet de l'assassiner. Ils savoient que ce seroit Vertigiers qui en receuilleroit les fruits ; mais ils imaginoient qu'il auroit de la reconnoissance pour un service qui le mettoit en possession du trône : ils se trompoient grossièrement ; ils éprouvèrent que tel homme ne fait pas difficulté de profiter d'une trahison, qui a les traîtres en horreur. Ce fut dans
une

une partie de chasse où ils l'avoient invité, qu'ils vinrent à bout de consommer leur crime.

Après cette mort, le peuple fatigué d'une régence dont il n'avoit receuilli que des malheurs, ne voulut pas appeller à sa succession ses frères, baucoup plus jeunes que lui ; et comme Vertigiers réunissoit toutes les qualités propres à réparer les malheurs passés, et à en prévenir d'autres, il fut élu d'une voix unanime.

Les scélérats qui avoient privé Moines de la vie, se présentèrent à son successeur pour demander une récompense. Cela est trop juste, leur dit-il, mais les fruits que vous en retirerez seront un peu amers. Quel homme peut voir sans frémir, un lâche assassin, à plus forte raison un parricide. En même-temps il les fit saisir, et attacher à la queue d'un cheval indompté, qui les mit en pièces.

Cet acte de justice fit beaucoup d'honneur à Vertigiers, mais il lui suscita un grand nombre d'ennemis. Les familles de ceux qu'il avoit punis étoient puissantes, elles se coalisèrent, et cherchèrent à se vanger de ce qu'elles appelloient son ingratitude et sa cruauté. Chacun de ces Barons se retira de la Cour, et se refugia dans ses terres, où ils mirent sur pied une armée formidable.

Les succès furent d'abord partagés, mais leur nombre s'étant accru, et le Roi se trouvant forcé de diviser ses troupes en différentes armées, pour résister à eux et aux Sesnes, qui profitoient de ce moment pour augmenter leurs conquêtes, il prit le parti de faire la paix avec les derniers, et pour la rendre plus durable, il épousa la fille d'Hangius, le plus puissant de leurs Chefs.

Cette alliance décida du sort du Royaume; il se trouva par ce moyen, assez puissant pour accabler à son tour les rebelles, qui furent obligés de se soumettre aux conditions qu'il voulut leur imposer, et la paix en fut la suite.

Il n'étoit cependant pas tellement rassuré, qu'il ne se crut obligé aux plus grandes précautions pour se maintenir. Un usurpateur n'est jamais tranquille, sa conscience est un ennemi dont il ne peut se défaire, elle le poursuit sans relâche, et lui fait payer bien cher les plaisirs qu'il goûte dans la souveraineté.

Son mariage avec la fille d'Hangius, avoit aliéné de lui le cœur de ses sujets. Elle possédoit cependant toutes les qualités qui peuvent faire chérir ; elle étoit jeune, belle et vertueuse ; mais elle n'étoit pas Chrétienne, et dans ces siècles reculés, toutes les bonnes qualités, ne pouvoient compenser la différence de religion. Les Prêtres et les Moines, adorés du peuple, tenoient toujours levée la verge avec laquelle ils frappoient ceux qui ne leur étoient pas soumis de la manière la plus indéfinie.

Un autre sujet d'inquiétude plus puissant encore, ne lui laissoit aucun moment de tranquillité.

Le Roi Constant avoit laissé, nous l'avons dit plus haut, trois fils, dont l'aîné son successeur, avoit été assassiné, mais on ignoroit ce qu'étoient devenus les deux autres, nommés Uter et Pendragon. On savoit seulement que leurs Gouverneurs les avoient fait embarquer pour la Gaule, après la proclamation de Vertigiers, mais personne ne pouvoit dire chez qui ils avoient choisi un asyle.

Pour se mettre à l'abri de toute crainte, il résolut de bâtir dans un lieu déjà fortifié par la nature, une tour d'une grandeur et d'une force suffisantes pour n'avoir rien à redouter de ses ennemis, dans le cas où il se verroit réduit à l'extrêmité. On en jetta les fondemens, et bien-tôt l'ouvrage es trouva très-avancé. Il touchoit à sa perfection, lorsqu'il s'écroula tout-à-coup.

On attribua cet accident à un vice de construction, et l'on recommença, en prenant toutes les précautions pour n'avoir rien de semblable à éprouver, mais autant de fois on parvenoit à la même hauteur, l'ouvrage étoit détruit, par un violent tremblement de terre.

Surpris de ce prodige, le Roi voulut en apprendre la raison. Il donna des ordres pour que les Barons et les plus notables du royaume se réunissent en conseil général. Il leur exposa sa perplexité, mais aucun d'eux ne voulut se charger de cet éclaircissement. Sire, lui répondirent-ils, ce n'est pas à nous que vous devez vous adresser, nous ne possédons aucune teinture des sciences, *parce que nous qui sommes lays, ne savons de clergie.*

Vertigiers les crut sur leur parole, et il fit avertir tous les Astrologues, Sages, Bardes, Troubadours et Clercs de ses états, de venir à la Cour. La plûpart se rendirent à cette invitation, se flattant qu'ils obtiendroient de grandes récompenses, s'ils parvenoient à satisfaire le Roi.

Les uns tracèrent des figures d'après les constellations, consultèrent l'aspect des astres et des planètes, les autres cherchèrent dans la combinaison des mètres et dans les livres prophétiques, d'autres enfin évoquèrent les démons et les génies de la terre, mais aucun ne put apprendre la véritable cause du phénomène.

Si leur art se trouva en défaut à cet égard, ils découvrirent au moins une vérité bien propre à les effrayer : c'est que leur vie étoit attachée à la construction de cette tour, et qu'ils étoient menacés de la perdre, par le moyen d'un enfant né sans le concours d'aucun homme.

Pénétrés de crainte, ils tinrent conseil sur le parti à prendre pour éviter ce malheur. L'un d'entr'eux en proposa un qui fut adopté unanimement. Messieurs, dit-il, il n'est qu'une voye à suivre : la voici. Nous persuaderons au Roi que nous avons découvert le seul moyen de rendre l'ouvrage solide, qui seroit de répandre dans les fondemens, le sang d'un enfant mâle, né sans père... Les insensés ne voyoient pas que c'étoit avancer eux-mêmes le moment de leur ruine.

Vertigiers ajouta foi à leur rapport, mais l'embarras étoit de savoir ou trouver cet être extraordinaire. Il dépêcha aussi-tôt douze messagers, avec ordre de faire les plus exactes perquisitions, et de le ramener avec eux.

La réputation de Merlin, qui commençoit à se répandre, leur épargna bien des peines. On leur indiqua le Northumberland, comme le lieu, vers lequel ils devoient diriger leurs pas : quatre d'entr'eux se hâtèrent d'y arriver.

Le cinquième jour, en entrant dans une forêt, ils virent une troupe d'enfans qui se disputoient. Le plus grand en maltraitoit durement deux autres, qui lui reprochoient qu'il n'oseroit pas dire quel étoit son père, puisque de son propre aveu, il n'en avoit pas.

Les messagers s'approchèrent du groupe, et après avoir séparé les combattans, demandèrent à Merlin, s'il étoit vrai que sa mère l'eût mis au monde sans le concours d'aucun homme.

Rien de plus certain, reprit celui-ci, votre quête est finie, puisque c'est moi, que les Savans du royaume de votre maître lui ont désigné. Ne croyez pas cependant devoir exécuter votre mission dans tous ses points, ce seroit courir à votre perte. Conduisez-moi à votre Roi Vertigiers, je vous suivrai avec plaisir, et vous en serez très-bien récompensés; il est écrit dans le livre des destinées que je dois lui donner des avis de la plus haute importance. Ne craignez pas que je vous échappe, puisque vous voyez qu'étant instruit de votre arrivée et de vos desseins, il m'eût été facile de rendre vaine la recherche que vous faisiez ; cependant, dit-il, j'ai une mère que je chéris tendrement, sa volonté doit être pour moi une loi sacrée, je vais la consulter, mais je crois pouvoir vous assurer d'avance qu'elle ne s'opposera pas à mon départ.

Il les conduisit à la demeure de Blaise, et leur offrit des rafraîchissemens, tandis qu'il alla la consulter, et lui faire ses adieux. Cette déférence leur inspira la plus haute idée de sa sagesse.

Dès le lendemain, ils se mirent

en route. Ils cheminèrent plusieurs jours avant d'entrer sur les terres de leur maître, sans qu'il leur arrivât rien d'extraordinaire, mais le quatrième, ils rencontrèrent un jeune homme, qui venoit de faire des provisions pour un voyage qu'il devoit entreprendre. Merlin le fit remarquer à ses conducteurs. Apprenez, leur dit-il, combien l'homme connoît peu sa destinée. Celui que vous voyez projette une course bien longue, tandis que la mort plane sur sa tête, il ne reverra pas même son village, qoiqu'il n'en soit pas à la distance d'un mille.

Les messagers surpris de cette prédiction, détachèrent d'eux d'entr'eux pour vérifier si elle s'accompliroit; mais à peine furent-ils un quart-d'heure absens,

qu'ils revinrent tout effrayés :
à l'entrée d'un petit bois, qu'il
falloit traverser, un ours s'étoit
jetté sur lui, et dévoroit ses
membres palpitans.

En arrivant dans la première ville
du royaume de Vertigiers, ils
rencontrèrent un convoi funèbre
qui en sortoit. Un gros Prieur
précédoit la bière, et chantoit
d'une voix forte, tandis qu'un
homme d'un certain âge le suivoit
en frappant sa poitrine, et poussant des sanglots.

Ainsi va le monde, s'écria Merlin, les apparences sont toujours
trompeuses, tel rit qui devroit
pleurer, tandis que celui qui est
dans la douleur, n'en a aucun
sujet légitime : ce bon Chevalier,
qui se lamente si fort, n'est pas le
père de celui que l'on porte en

terre, il n'ena que le nom ; mais ce Moine, qui n'ose témoigner son chagrin, sait bien que lui seul a droit de s'affliger, puisqu'il est le père. Cela vous paroît difficile à croire, et impossible à prouver ; cependant je m'engage à le faire avouer à la Dame : suivez-moi donc chez elle. Le Romancier ne nous dit pas de quelle manière il s'y prit, mais il réussit apparamment, puisque ses compagnons ne purent douter de la vérité de son assertion.

CHAPITRE IX.

Arrivée de Merlin à la Cour de Vertigiers. Raison du peu de solidité de la tour. Combat des deux Dragons, mort des Devins, prédictions de l'Enchanteur.

Parvenus à quelque distance de la ville où Vertigiers faisoit son séjour ; des quatre hommes qui accompagnoient Merlin, deux restèrent avec lui, les deux autres prirent les devans pour prévenir le Roi de leur arrivée.

Sire, dirent-ils, nous avons rencontré celui que vous nous aviez chargés de découvrir. Sa réputation est répandue dans toutes les contrées voisines, on ne parle que de sa sagesse et de ses lumières, mais ce qu'on en rapporte, n'est pas comparable à ce que nous en avons vu par nous-mêmes ; rien ne lui est impossible, rien ne peut lui être caché, il savoit notre arrivée et le sujet de notre mission, il lisoit jusque dans nos pensées et nous a souvent étonnés, en nous les dévoilant. Quand à nous, nous ne pouvons croire que ce soit un être ordinaire. Vos Devins vous en ont imposé, ce n'est point au prix de son sang que vous éléverez votre tour, ce sera sûrement à sa science que vous serez redevable de cet avantage. D'ailleurs, il nous a assurés qu'il avoit des choses extrêmement importantes à vous communiquer.

Vertigiers,

Vertigiers, d'après ce témoignage, donna ordre de conduire Merlin devant lui. Jeune homme, lui dit-il, tu sais le sujet pour lequel je t'ai mandé, peux-tu éclaircir mes doutes, les Sages ont-ils découvert le seul moyen de pouvoir terminer mon ouvrage ?

Prince, lui répondit-il, les questions que vous me faites sont de la plus grande importance, mais le temps d'y répondre n'est pas encore venu. Ordonnez aux Barons de votre royaume, et à tous les Savans qui ont donné leur avis, de se réunir sous huitaine au pied de la Tour, c'est en leur présence que je satisferai à votre demande.

Vertigiers suivit ce conseil, et lorsque tout le monde fut rassemblé, Merlin prit la parole :

» Hommes faux et lâches, dit-il,
» en adressant la parole aux Sa-
» vans, est-ce le seul intérêt de
» votre Souverain, qui a été le
» motif du conseil que vous lui
» avez donné. Répondez, si vous
» l'osez, mais ne déguisez pas la
» vérité, c'est au nom de Dieu
» lui-même que je vous somme,
» le plus léger mensonge ne res-
» tera pas impuni.... Eh bien,
» puisque vous refusez de répon-
» dre, je vais vous dévoiler.

» L'art criminel que vous pro-
» fessez, vous a fait découvrir,
» qu'un enfant né sans père,
» mettroit vos jours en danger,
» mais il ne vous a pas appris,
» que le parti que vous adoptiez
» accéleroit votre perte. Vous
» avez engagé le Souverain à se
» rendre coupable d'un assassi-

» nat , sans même croire qu'il
» put en retirer aucun fruit, et
» cela sous le prétexte absurde ,
» que le sang d'un enfant répandu
» dans les fondemens de cette tour,
» lui donneroit de la solidité ,
» comme si une légère portion
» de sang, avoit quelque chose
» de commun avec cet ouvrage.
» Vous avez mieux aimé conseil-
» ler un crime que d'avouer vo-
» tre ignorance..... Race per-
» verse, vous mériteriez, que me
» servant de tout l'ascendant que
» me donne sur vous le pouvoir
» dont je suis revêtu , j'ordon-
» nasse à la terre de vous en-
» gloutir, ou que je fis sentir
» au Roi, combien il lui importe
» de venger son honneur compro-
» mis.... Mais non, le Ciel las
» de vos forfaits, saura bien vous

» punir lui-même, déjà l'orage
» gronde, la foudre va vous
» anéantir.

» Vous, Messieurs, dit-il, en
» se tournant du côté du Roi et
» de ses Barons, apprenez la véritable
» cause du peu de soli-
» dité de la tour. Le terrain que
» vous avez choisi pour la bâtir
» récèle dans son sein, à une pro-
» fondeur médiocre, une rivière
» assez considérable. Sur ses deux
» bords, en face l'un de l'autre,
» sont deux rochers, sous lesquels
» sont gîtés deux dragons d'une
» énorme grandeur et d'une force
» incroyable. Ce sont eux qui
» font trembler la terre, et écrou-
» ler la tour, chaquefois qu'ils
» se sentent surchargés. Il faut
» donc les obliger d'abandonner
» leur retraite, et cela présente

» un grand travail. Pour y réus-
» sir, il est nécessaire de forcer
» la rivière à prendre un autre
» cours. Lorsqu'ils sentiront la
» privation de cet élément, et
» l'impression de l'air, ils feront
» en même-temps un effort pro-
» digieux qui déracinera le ro-
» cher qui les couvre, et leur
» donnera un libre essort : ils se-
» roient capables de dévaster ce
» royaume, et même le monde
» entier, mais il est écrit dans
» le livre des destinées, qu'ils
» combattront avec acharnement
» l'un contre l'autre, et qu'ils
» se détruiront mutuellement. »

Chacun écoutoit ce discours dans le plus grand silence, mais on ne pouvoit y ajouter foi. Le Roi assembla son conseil, pour déterminer quel parti on prendroit, pour s'assurer de la vérité; il y fut résolu qu'on tenteroit l'entreprise, malgré sa difficulté, au moins, jusqu'à ce qu'on découvrit le fleuve dont il avoit parlé.

On manda des ouvriers de toutes les parties du royaume, il en vint un nombre prodigieux et graces à Merlin, qui dirigeoit le travail, on trouva en peu de temps la rivière et les deux rochers qu'il avoit indiqués. Le courage redoubla, et son cours fut détourné à travers une vaste plaine, dans laquelle on lui avoit creusé un lit jusqu'à la mer.

Aussi-tôt que l'eau cessa de couler, des mugissemens affreux se firent entendre, tandis que les deux rochers étoient agités avec une extrême violence. Bien-tôt on apperçut la tête des deux animaux qui se faisoit jour, et leurs corps en sortant couvrit une grande étendue de pays.

Tout le monde se hâta de prendre la fuite, les Magiciens voulurent en faire autant, mais une puissance surnaturelle les retenoit, et les deux dragons les eurent bien-tôt mis en pièces.

Après cette expédition, ils se mésurèrent quelques temps avec des yeux furieux, et se précipitèrent l'un vers l'autre. Le combat fut terrible, ils enlaçoient leurs longues queues, se frappoient de leurs aîles, et faisoient des efforts pour se déchirer avec leurs griffes tranchantes. Le bruit qu'ils faisoient s'entendoit de plusieurs lieues à la ronde, enfin après vingt-quatre heures, ils commencèrent à s'affoiblir, le dragon rouge tomba mort à côté du blanc, qui lui-même avoit perdu ses forces, et ne lui survécut pas long-temps.

Le Roi et les courtisans n'entendans plus rien, retournèrent au lieu où cela s'étoit passé. La présence des deux monstres, quoique privés de la vie, inspiroit encore une terreur qui empêchoit de les approcher. Sire, dit Merlin, ces deux corps ne tarderont pas à se corrompre, et par leur extrême puanteur, ils causeroient une peste dangereuse dans le pays ; il est donc nécessaire de les réduire en cendres. Cela fut exécuté dès le jour même, et chacun se retira.

Mon cher Merlin, dit Vertigiers, j'espère que vous ne m'abandonnerez pas. Les obligations que je vous ai sont inappréciables, vous pouvez me donner d'excellens avis, partagez je vous prie mon autorité, regnez sous mon nom.

« Sire reprit, celui-ci, *l'homme
» propose et Dieu dispose*. Il ne
» m'est pas permis de me fixer à
» votre Cour, j'ai d'autres soins
» auxquels je dois me livrer,
» je ne puis même y faire que très-
» peu de séjour ; il se passera
» bien-tôt des événemens dont
» je vais vous instruire, mais ce
» n'est qu'en présence du Conseil qu'il m'est permis de les
» développer.

» Messieurs, continua-t-il,
» lorsqu'il fut assemblé, les
» deux terribles dragons dont

» vous venez de voir le sort,
» sont l'emblême d'un grand mys-
« tère, mais toutes vérités ne
» sont pas agréables à entendre,
» celles que j'ai à dire sont bien
» terribles ; je puis encore me
» taire, ordonnez et je me re-
» retire. » Parle, reprit le Roi,
qu'elles quelles soient, elles ne
me feront pas trembler. — Eh
bien, puisque vous le voulez, je
vais continuer. « De ces deux
» dragons, l'un te représente, ô
» Vertigiers, l'autre signifie les
» fils du Roi Constant. Tu sais
» que ce Monarque en mourant,
» te recommanda d'avoir le plus
» grand soin de ses fils, tu en
» pris l'engagement, cependant,
» au lieu de les protéger, et de
» les défendre, tu abandonnas l'aî-
» né, au moment où ton secours

» lui étoit le plus nécessaire ;
» et lorsqu'on t'offrit le trône
» que son assassinat avoit laissé
» vacant, tu eus la mauvais-foi
» de l'accepter. Ce fut pour sau-
» ver les apparences, que tu fis
» punir les traîtres, tandis que
» tu mettois à profit leur trahi-
» son. Le temps de la vengeance
» approche, tu ne peux l'éviter,
» si tu m'en crois même, tu
» abandonneras un travail qui ne
» peut être d'aucune utilité ; car
» ne crois pas que la tour que tu
» fais construire soit un rempart
» suffisant, il faut subir sa des-
» tinée.

» Au reste, ne pense pas que
» les événemens que je t'an-
» nonce, soient encore bien éloi-
» gnés ; Uter et Pendragon, les
» deux fils du Roi Constant ont

» trouvé un asyle et un protecteur
» puissant, dans un Prince des
» Gaules. Par son moyen, ils
» ont rassemblé une armée nom-
» breuse, et la flotte qui doit
» les transporter, n'attend qu'un
» vent favorable pour mettre à la
» voile, sous quinze jours, ils
» débarqueront sur les côtes de
» ton royaume. » Après ce discours, Merlin disparut, et retourna dans sa solitude.

Vertigiers et son Conseil furent dans une consternation inexprimable, mais ils ne perdirent pas l'espérance de résister au danger qui les menaçoit. Peut-être, disoient-ils, Merlin, s'est-il trompé; au-moins il peut avoir exagéré: à tout prendre, il faut nous défendre, et vendre bien cher notre vie et notre fortune.

On expédia des ordres, pour que tous ceux qui étoient en état de porter les armes eussent à se tenir prêts, et sur-tout à se rendre sur les côtes de la mer, pour résister à un ennemi qui devoit tenter une descente. On ne voulut pas désigner cet ennemi ; on craignoit que l'amour des peuples pour le sang de ses Rois ne se réveillât dans le cœur des Bretons.

CHAPITRE X.

Arrivée des deux fils du Roi Constant dans la grande Bretagne, mort du Roi Vertigiers et celle de Hangius. Services que Merlin rend à Uter et Pendragon.

Au jour indiqué par Merlin, les soldats préposés à la garde, virent paroître une flotte nombreuse, sur laquelle on voyoit flotter l'étendart de la grande Bretagne, et les armes du Roi Constant, ils pensèrent que cette armée ne pouvoit être ennemie ; ils n'opposèrent aucune résistance à son débarquement.

Les troupes s'avancèrent en bon ordre sous la conduite des deux jeunes Princes Uter et Pendragon, et sous ceux de Aurélius Ambrosius, qui en étoit le géneral. Ils firent aussi-tôt publier un manifeste, pour engager le peuple à se joindre à eux, et les aider à reconquérir leurs états.

Nous avons déjà dit que Vertigiers n'étoit pas aimé, sur-tout depuis son mariage, au lieu que la mémoire du bon Roi Constant étoit en vénération parmi les soldats qui avoient combattu sous ses ordres. La plupart vinrent faire hommage aux jeunes Princes, et se joignirent à son armée. Les autres, se retirèrent dans la citadelle, en faisant avertir l'usurpateur de ce qui se passoit. Il se jetta dans cette place, espèrant la défendre au moins jusqu'à ce qu'il eût reçu les secours qui lui amenoit son beaupère Hangius ; mais elle fut attaquée avec tant de valeur, qu'elle fut emportée d'assaut à la première attaque.

Tout fut passé au fil de l'épée, Vertigiers lui-même, périt dans une tour où il s'étoit retiré, et fut dévoré par les flammes qui s'y étoient communiquées.

Après cette importante victoire, les Princes s'avancèrent dans l'intérieur du pays, où ils trouvèrent les esprits, bien disposés en leur faveur. Les peuples las de la domination des Sesnes, les chassèrent de la plus grande partie des places fortes, et les obligèrent de se retirer dans

un

un canton où ils s'étoient fortifiés.

Hangius étoit encore à la tête d'une armée formidable, malgré les revers qu'il avoit éprouvés. Il étoit homme de guerre, et grand capitaine. Il se servoit de la connoissance du pays pour prendre des positions avantageuses, et harceler continuellement ses ennemis, auxquels il étoit impossible de l'attirer au combat.

Les deux frères sentirent que leur plus grande force consistoit dans l'habileté du Général, et lui de son côté imaginoit que s'il pouvoit les faire périr, il auroit bon marché de leur armée; cela fit qu'ils se tendirent respectivement des piéges.

Un autre projet occupoit Uter et Pendragon. Le pays retentissoit des merveilles que venoit d'opérer Merlin, et ils savoient qu'il avoit pris vivement leur parti dans le conseil de l'usurpateur ; ils regardoient donc, comme très-important de le mettre dans leur intérêt, et d'obtenir son amitié.

L'embarras étoit de le rencontrer. Ils savoient à la vérité, qu'il habitoit une forêt du Northumberland, mais elle étoit immense, et cette recherche pouvoit êre fort longue. Ils députèrent plusieurs Barons de leur suite, pour aller lui demander sa protection.

Merlin qui savoit cette résolution aussi-tôt qu'elle fut prise, voulut leur abréger la plus grande partie du travail. Dès la première ville où ils s'arrêtèrent pour se reposer, il prit la figure d'un homme sauvage. Il n'étoit couvert que de peaux de bêtes, sa barbe étoit hérissée, ses cheveux épars, et il tenoit à la main une pesante massue, sur laquelle il s'appuyoit. Ce fut dans cet équipage singulier, qu'il pénétra dans la chambre où ils étoient à causer sur leur voyage.

Surpris de cette apparition, ils le considérèrent long-temps, en silence, admirant la belle proportion de ses membres, et la force dont il devoit être doué. Cet homme, disoient-ils entr'eux, ressemble à un sauvage, sa colère doit être dangereuse. Seigneur, leur dit-il, en prenant la parole, on m'a dit que vous cherchez Merlin, c'est une entreprise bien difficile ; si vous ne connoissez pas sa demeure ; mais il me semble que vous ne mettez pas beaucoup de zèle à cette quête. Pensez-vous qu'il viendra vous trouver, ou que c'est en vous livrant aux plaisirs de la table, et en vous amusant à *gaber* un pauvre homme comme moi, qu'il se découvrira à vous ; croyez-moi, ce n'est pas la manilre de réussir ; cependant vous m'avez l'air de braves gens, je peux vous être utile, et je veux le faire. Je connois Merlin, nous sommes voisins, il m'a souvent accompagné à la chasse des bêtes féroces, il m'a même entretenu de vos souverains ; mais, ce n'est pas avec vous qu'il veut communiquer, c'est un de vos Princes qui doit entreprendre cette quête. Ne vous donnez pas une peine inutile, retournez vers ceux qui vous ont envoyez, vous y trouverez beaucoup de changemens, il y a eu entre les deux armées une rencontre dans laquelle il a péri beaucoup de monde de part et d'autre, les Conseillers des Princes sur-tout ont été maltraités, il n'en reste que quatre. Il se retira ensuite, sans qu'on sut ce qu'il étoit devenu.

Les Barons se regardoient avec étonnement. Quel est cet homme, si bien instruit de nos desseins, qui vient nous donner des conseils, dit un d'eux ; il y a là-dessous quelque mystère, je pense que nous devons suivre son avis, et retourner sur nos pas. D'ailleurs, quel autre que Merlin, ou bien un de ses envoyés, eût pu nous dire des choses aussi positives.

De retour à l'armée, où il y avoit en effet eu un combat très-meurtrier, il racontèrent leur aventure. Les deux frères y ajoutèrent foi, et convinrent que l'un d'entr'eux feroit ce voyage. Pendragon, comme le plus jeune s'en chargea, et partit avec une escorte.

Après avoir marché plusieurs jours, il s'engagea dans la forêt où demeuroit Merlin, en divisant sa troupe par pelotons, afin d'en visiter plus exactement toutes les issues. Pendragon rencontra un nain hideux, qui gardoit un troupeau d'ours, de loups, et d'autres animaux féroces. Le nain vint à sa rencontre et lui adressa la parole, Prince, lui dit-il, tu cherche Merlin, mais tu prends une peine inutile, ce n'est pas dans cette forêt qu'il veut se faire connoître ; rassemble ton escorte, retourne dans la ville la plus prochaine, et là, tu attendras sa volonté.

Pendragon suivit ce conseil, qui lui parut un ordre ; mais à peine étoit-il entré dans son logement, qu'il vit venir à lui un très-bel-homme, dont la figure étoit extrêmement prévenante. Fils de Constant, lui dit-il, je viens t'annoncer une grande nouvelle. Ton ennemi, le traître Hangius, n'est plus, il a été tué de la main même de ton frère, à l'instant où il se préparoit à l'assassiner. Par ce moyen, vous n'avez plus d'ennemis, et la présence de Merlin ne peut vous être d'une bien grande utilité.

Ah ! si vraiment, reprit Pendragon, il nous sera toujours nécessaire, c'est son amitié que je desire par-dessus toute autre chose, je la préfererois à toutes les couronnes. . . . Eh bien, reprit l'inconnu en s'avançant, reconnoissez-le donc, car je suis Merlin.

Pendragon se précipita dans ses bras, en versant des larmes de joye. Qui pourroit désormais se comparer à moi, disoit-il, puisque Merlin veut-être mon ami ? L'Enchanteur lui raconta les services qu'il leur avoit déjà rendu. C'est moi, lui dit-il, qui fis savoir à Hangius que votre frère se trouvoit seul à l'armée, il imagina que l'occasion étoit favorable pour se défaire de lui. Il s'introduisit dans le camp, à la faveur d'un déguisement, et déjà il étoit parvenu à sa tante, il en soulevoit la toile pour y entrer, lorsque Uter, que j'avois averti de ce qui se passoit, et qui s'étoit mis en embuscade, lui fit tomber la tête d'un seul coup d'épée.

Votre présence est nécessaire à l'armée, ne perdez pas de temps pour vous y rendre, dans quinze jours vous me reverrez, sous la même forme ; mais si vous faite cas de mon amitié, ne me découvrez à personne, autre qu'à votre frère, à qui vous pourrez raconter ce qui s'est passé entre nous deux.

Pendragon suivit ce conseil, et rejoignit l'armée, qui avoit ignoré le motif de son absence. Le récit qu'il fit à Uter, le pénétra de plaisir, il lui raconta à son tour le danger qu'il avoit couru.

Au jour convenu, Merlin se présenta dans un château où ils avoient établi leur quartier. Il s'adressa d'abord à Pendragon. Il avoit emprunté la figure et la livrée du page favori d'une jeune dame pour laquelle ce Prince brûloit du plus ardent amour. Seigneur, lui dit-il, je suis chargé d'un message secret de la part de la dame de la vallée paisible. Son cœur n'est pas tranquille, il ne peut s'habituer à votre absence, sur-tout d'après certains momens, qui lui ont laissé des souvenirs bien délicieux Il entra alors dans des détails, dont chaque mot le surprenoit ; il ne pouvoit concevoir l'imprudence de la dame, qui n'avoit caché aucune particularité de leur liaison, à ce jeune homme.

Seigneur, ajouta le faux page, je suis un peu fatigué, permettez que j'aille prendre un peu de repos, tandis que vous expédierez ma réponse. Il se transporta aussitôt dans la chambre de Uter, sous la forme du vieillard qui lui avoit donné avis des mauvais desseins d'Hangius, et se coucha sur son lit dans l'attitude d'un homme qui repose. Uter écrivoit dans ce moment une dépêche ; sa surprise fut extrême en se retournant de l'appercevoir. Il le reconnut sans aucune peine, mais craignant de troubler son sommeil, il sortit doucement, en fermant la porte à double tour, pour que personne n'y entrât.

Il alla rejoindre son frère à qui il raconta son avanture. Parbleu, lui répondit celui-ci, je peux vous payer en même monnoie, un page de ma Dame, m'a dit des choses, qu'elle seule devroit savoir, mais je suis bien curieux de voir votre vieillard, ce ne peut être que Merlin.

Nous ne suivrons pas celui-ci dans toutes ses métamorphoses, parce qu'elles me paroissent-là sans aucun but d'utilité, à moins que ce ne fut pour faire parade de sa puissance vis-à-vis des deux frères, la première fois qu'il se présentoit devant eux.

Après s'être amusé à leurs dépens, il leur donna d'excellens conseils. Seigneurs, leur dit-il, il faut travailler sérieusement à expulser de votre pays, les Sesnes, cette nation inquiète, qui ne vous laisseroit jamais en repos. Il en est un moyen. Vous leur proposerez des trèves, sous le prétexte de laisser reposer votre armée ; ils les refuseront, parce qu'ils croiront que c'est par foiblesse que vous leur faites cette proposition ; alors vous réunirez toutes vos forces, vous les pousserez avec vigueur, vous ne leur donnerez pas un instant de relâche, et vous les obligerez à recevoir comme une grace, la permission de se retirer dans leur pays. Vous leur fournirez de vaisseaux, car il ne faut jamais réduire ses ennemis au désespoir, *il faut leur faire un pont d'or.* Il entra dans de grands détails sur les événemens qui devoient se succéder, et prononça beaucoup de prophéties relatives aux Rois de la Grande-Bretagne, après quoi il leur annonça qu'il alloit se retirer, et qu'ils ne le reverroient qu'au moment où sa présence leur seroit nécessaire.

Les Sesnes furent poursuivis, battus, chassez, et obligés d'abandonner la Grande-Bretagne, et de se rembarquer. Le royaume put alors se refaire dans une paix profonde, de toutes les pertes qu'il avoit essuyées, mais elle ne fut pas de longue durée.

CHAPITRE XI.

Nouvelle irruption des Sesnes, victoire des Bretons, mort de Pendragon, couronnement de son frère. Histoire des deux premières institutions de la Table Ronde.

Au moment où l'on s'y attendoit le moins, Merlin reparut à la Cour. Seigneur, dit-il aux deux frères, qui seuls le connoissoient, un nouvel orage gronde, et bien-tôt va fondre sur vous. Les Sesnes n'ont pas abandonné sans regret, un pays qui vaut mieux que celui qu'ils habitent. Ils en ont vanté les agrémens à plusieurs Princes leurs voisins, et ils ont assemblé des forces redoutables.

Réunissez donc vos troupes, et marchons à l'ennemi, qui déjà débarque sur vos côtes. Il ne faut pas leur laisser faire trop de progrès, accablez-les avant qu'ils ayent eu le temps de se fortifier.

Tout fut préparé en très-peu de temps, ils se mirent en marche avec tant de promptitude et de secret, que l'ennemi n'en eût aucune connoissance. A l'entrée d'une forêt, il prit les deux frères en particulier. Mes amis, leur dit-il, demain vous livrerez un grand combat, et vous remporterez la victoire, mais elle sera funeste à l'un de vous d'eux. Il ne m'est pas permis de vous revêler quel est celui qui perdra
la

la vie ; mais dans tous les cas, faites serment entre mes mains que vous vous prêterez mutuellement tous les secours dont vous serez capable.

Il est un ordre de bataille dont vous ne devez pas vous écarter, si vous voulez réussir. Vous séparerez votre armée en deux parties égales ; vous, Pendragon, vous commanderez la première, qui s'avancera lentement à travers la forêt, jusqu'à ce qu'elle se trouve en face de l'ennemi qui est campé à peu de distance d'une petite rivière, qui traverse la plaine. Vous vous posterez d'une manière assez avantageuse pour ne pouvoir être forcé à combattre, jusqu'à ce que vous voyez un dragon jettant des flammes s'élever dans les airs.

I. Partie. K

Quand à Uter, il se mettra en marche avec l'autre partie, en prénant sur la gauche, pour tourner l'armée ennemie, qui ne se défiera de rien, et il la prendra en flanc et en queue, pendant que l'autre l'attaquera de front.

Le second jour, au milieu de la nuit, Merlin lâcha son dragon, qui traversa le camp ennemi, et fut se perdre au-dessus de celui de Pendragon. A ce signal, l'armée s'ébranla, et attaqua avec fureur les Sesnes. Ceux-ci se défendirent bravement, mais un moment après, de grands cris leurs apprirent qu'ils étoient environnés.

Ils soutinrent cependant le combat jusqu'au jour, avec une bravoure surprenante, mais voyant, le carnage qu'on avoit fait, et qu'ils couroient rique d'être tous exterminés, ils prirent la fuite dans le plus grand désordre, et regagnèrent leurs vaisseaux.

La victoire étoit complette, mais selon la prédiction de Merlin, on trouva Pendragon sans vie, mais entouré d'un monceau de morts qu'il avoit tués de sa main. Les Bretons avoient eu dix mille hommes de tués, et les Sesnes en laissoient plus de quarante, parmi lesquels on comptoit presque tous leurs chefs. Le camp fut la proye du soldat, qui y trouva des richesses considérables.

Uter, après avoir fait donner la sépulture aux morts, et répandu des torrens de larmes sur le corps d'un frère qu'il chérissoit tendrement, se retira dans la capitale de son royaume, où il se fit couronner, mais pour marquer son attachement, il joignit le nom de Pendragon au sien, et ne porta plus que le nom d'Uter-Pendragon.

Sire, dit Merlin au nouveau Roi, vous êtes destiné à de grandes choses, votre gloire surpassera celle de tous vos prédécesseurs, et ne sera effacée que par celle de votre fils ; mais il faut que vous vous conformiez aux règles que je vais vous indiquer.

Jésus-Christ, avant de mourir, voulut établir un Ordre de Chevalerie, auquel il admit douze de ses Disciples, sous le nom d'Apôtres. Pour cela, il les invita à s'asseoir avec lui à une table ronde, autour de laquelle étoient disposés autant de siéges.

Lorsque tout le monde fut placé, notre Seigneur se leva et annonça qu'un des convives devoit le trahir. A l'instant, tous les yeux s'étant tournés vers Judas que personne n'estimoit, celui-ci qui se sentoit coupable, se leva et sortit ; mais comme le nombre devoit toujours être complet, Mathias fut choisi pour le remplacer.

Après la mort du Fils de Dieu, les Apôtres se dispersèrent et périrent, on ne parla plus de cette première institution ; mais Joseph d'Arimathie, celui qui avoit embaumé son corps, demanda et obtint de Pilate, le San-graal, vaisseau dont notre Sauveur s'étoit servi pour l'institution de son Ordre.

Il résolut de le rétablir, mais

il en porta le nombre jusqu'à soixante-douze, qui se couvrirent de gloire pendant long-temps. Après la dispersion des Juifs, obligé de fuir son pays natal, il se réfugia dans la Grande-Bretagne. Ses descendans, ayant par quelque péché perdu le sangraal, on ne sait ce qu'il est devenu, mais il doit être établi une troisième Table Ronde à l'instar des deux premières, et c'est vous à qui cet honneur est destiné.

Le nombre des Chevaliers, sera d'abord porté à soixante-douze, mais il pourra excéder, à mesure qu'il se trouvera des Chevaliers dignes d'y être admis. Ce sera à Cardeuil, au pays de Galles, que se fera cette cérémonie, et la fête de la Pentecôte prochaine, est l'époque que vous devez choisir, vous y convoquerez votre Cour plénière; quant à moi, je me charge de faire le choix, d'en régler le cérémonial, et de dresser les statuts.

CHAPITRE XII.

UTER-PENDRAGON, établit par le conseil de Merlin, un troisième Ordre de Chevaliers de la Table Ronde, à Cardeuil. Punition d'un Chevalier qui voulut s'asseoir sur le siége périlleux. Prédiction de Merlin, sur un Chevalier trompeur.

ON vit arriver de toutes les parties de la Grande-Bretagne, et des royaumes voisins, une foule prodigieuse de Chevaliers et de Dames qu'ils amenoient, suivant l'usage, pour soutenir leur beauté. La veille de la Pentecôte, des

Hérauts annoncèrent, dant toute la ville, que la fête alloit s'ouvrir. Bien-tôt le Roi parut, la couronne sur la tête, accompagné de tous ses Barons, des Chevaliers étrangers, et d'une quantité prodigieuse de Dames, toutes richement vêtues, que l'éclat de la cérémonie avoit attirées. C'étoit ainsi que les Souverains tenoient ce qu'on appelloit la *Cour renforcée*. Tout le monde assista aux premères Vêpres, après lesqueles on servit un superbe repas, et tout le monde s'assit aux tables dressées dans la prairie ; le Roi seul, étoit assis à une table, sous un pavillon ouvert de tous les côtés, servi par tous les grands Officiers de la Couronne.

Le jour de la Fête le même cortége suivit le Roi à la Messe, après laquelle on entra dans le Château de Cardeuil, où devoit se faire la principale cérémonie, dont personne ne connoissoit le but.

Dans une salle immense, on voyoit une table de la plus grande beauté, autour de laquelle étoient disposés soixante-treize siéges, dont l'un se trouvoit plus élevé que les autres. Tous les Chevaliers par ordre de Merlin, se rangèrent en rond, autour de cette table, et attendirent dans le plus grand silence. « Seigneurs, leur
» dit l'Enchanteur, cette table
» recèle un des plus grands Mys-
» tères qui existent aujourd'ui,
» il n'est pas permis à tout le
» monde de s'y placer, c'est par
» l'ordre de Jésus-Christ lui-
» même, que je vais choisir ceux

» qui doivent occuper les places,
» une seule doit rester vide, mal-
» heur à celui qui oseroit s'y
» asseoir ; c'est pour cela qu'il
» s'appelle *le siége périlleux*. Sire,
» ajouta-t-il, en s'adressant au
» Roi, vous serez le Chef du
» nouvel Ordre qui va s'établir ;
» il est libre d'accepter la place
» que je vais lui offrir, mais
» tout Chevalier qui a eu cet
» honneur devient le vôtre, et
» doit vous servir envers et con-
» tre tous, sans pouvoir s'enga-
» ger dans aucune aventure, sans
» votre permission. »

Il fut ensuite prendre par la main, soixante-douze Chevaliers, qu'il fit asseoir à la table, sans qu'aucun refusât cet honneur ; car telle étoit la vertu de cette table, que quiconque y avoit pris place, oublioit ses intérêts ; pour s'attacher à celui qui en étoit possesseur.

A peine le nombre étoit-il complet, que la table se trouva couverte des mets les plus exquis. Une musique délicieuse se fit entendre, et remplit l'ame de tous les assistans d'une joye pure, de celle dont jouissent les bienheureux en Paradis.

Après le dîner, les nouveaux Chevaliers firent un tournois, qui dura jusqu'à la nuit, et pendant lequel ils justifièrent par leur adresse et leur valeur, le choix qu'on avoit fait d'eux. On dressa ensuite de tout ce qui s'étoit passé, un acte authentique, qui fut signé de tout ceux qui étoient présens, Chevaliers et Dames.

« Sire, dit Merlin, et vous
» Chevaliers qui m'écoutez, vous
» venez de contracter de grandes
» obligations. Souvenez-vous,
» que la veuve, l'orphelin, l'hom-
» me opprimé, sont en droit de
» réclamer votre assistance, et
» que vous ne pouvez la leur
» refuser. N'oubliez pas encore,
» que votre parole doit être sa-
» crée, que vous ne devez jamais
» combattre votre ennemi avec
» avantage, que l'honneur des
» Dames vous doit être cher,
» et que la violence est un crime,
» que c'est à elles sur-tout que
» vous devez sûreté et protec-
» tion.

» Pour vous, Roi de la Grande-
» Bretagne, donnez le premier
» exemple des vertus que je
» viens de recommander, vous

» devez de plus aux Cheva-
» liers qui s'attacheront à vous,
» honneur, fortune et justice.
» Trois fois l'année vous tien-
» drez Cour plénière en ce lieu,
» pour votre avantage et pour ce-
» lui de la Table Ronde. Quand
» à moi, je suis obligé de vous
» quitter pendant un temps assez
» long, mais vous me verrez
» reparoître dans les grandes oc-
» casions. »

Après le départ de l'Enchanteur, chacun se retira, et pendant deux années au moins, les Fêtes se célébrèrent sans qu'il arrivât aucun accident considérable. La troisième, il vint à la Cour plénière un Baron du royaume, qui n'étoit pas Chevalier de la Table Ronde, et qui par cela même paroissoit n'en pas faire beaucoup de cas. Afin de justifier son opinion, il se servit de la longue absence de Merlin, pour faire courir le bruit qu'il étoit mort, qu'un sauvage l'avoit assassiné dans une chasse, et qu'il pourroit en donner les plus grandes preuves. Seigneur Roi, ajouta-t-il, vous avez donné votre confiance bien légèrement à un aventurier qui ne devoit sa réputation qu'à la prévention et à beaucoup d'intrigue, et pour vous faire voir le peu de cas qu'on doit faire de ce qu'il a dit, je vais m'asseoir sur ce fameux siége, qu'il a nommé périlleux. Tout le monde voulut inutilement le détourner de ce dessein, il persista; mais à peine eût-il pris place, qu'il fût englouti dans un torrent de flammes, qui le consuma dans l'instant. Cet exemple ôta à tous les autres, le desir de s'exposer à pareil traitement.

Merlin revint enfin, et sa vue prouva le mensonge du *Chevalier malencontreux*, mais ne guérit pas les autres. Un Baron, esprit fort, vint secretement trouver Uter-Pendragon. Sire, lui dit-il, permettez-moi de m'amuser aux dépens de Merlin, je veux éprouver s'il se connoît en maladies. Le Roi y consentit avec répugnance.

Le lendemain, il se fit apporter sur un brancard jusques dans le Palais. Oh vous, qui possédez toutes les sciences, dit-il à Merlin, je souffre de grandes douleurs, je sens ma fin approcher, mais l'homme se flatte toujours, j'ai des affaires importantes à terminer avant ce moment redoutatable,

ble, je les remets de jour en jour ; dites-moi, si je dois mourir de cette maladie. Non certes, reprit Merlin, tu périras d'une mort violente, tu seras pendu. Tout le monde éclata de rire à cette conclusion, et le faux malade se fit remporter sans rien dire.

Vous le voyez, dit-il ensuite au Roi, combien Merlin mérite peu la réputation dont il jouit ; est-il possible que je périsse d'une mort dont ma naissance me garantit ; mais cela ne suffit pas, je veux encore qu'il se contredise à vos yeux, amenez-le demain après Vêpres dans l'Abbaye de cette ville, j'y jouerai un autre rôle, dont il sera certainement la dupe.

Uter-Pendragon se prêta encore à cette démarche, qui pouvoit déplaire à Merlin, cependant il promit, et se rendit avec lui au Monastère.

Sire, lui dit l'Abbé en entrant, votre visite nous flatte d'autant plus, que le Sage qui vous accompagne, peut nous rassurer sur le sort d'un de nos Religieux, que nous chérissons tous, et qui est attaqué d'une maladie qui ne laisse presque pas d'espérance. Il les conduisît à la chambre où Merlin ne fut pas plutôt entré, qu'il s'adressa au faux Moine. Homme faux et déloyal, lui dit-il, crois-tu pouvoir m'en imposer : Je te prédis hier une mort violente et infâme, mais j'ajoute que ce ne sera qu'en te noyant, et après t'être rompu le cou ; ce temps-là n'est pas éloigné, tu peux t'épargner une dissimulation qui ne tourne qu'à ton déshonneur. Cette prédiction se vérifia trois jours après, lorsqu'il passoit sur un pont ; son cheval le précipita dans la riviere où il resta accroché à un pieu, la moitié du corps se trouvant dans l'eau, ainsi il se rompit le cou, fut en même-temps noyé et pendu.

CHAPITRE XIII.

Amour du Roi Uter-Pandragon et de la Duchesse Tintayel. Guerre contre son mari, accident qui le termine, avanture galante du Château.

Parmi les Barons qui se rendirent à la Fête de Pentecôte suivant, on remarquoit le Duc de Tintayel, qui avoit amené avec lui lui la belle Yguerne sa femme. C'étoit pour me servir de l'expression du Romancier, *la plus belle Chrétienne, que onc fut après la Vierge Marie.* Elle n'étoit plus dans la première fleur de la jeunesse ; mais dans toute la Grande-Bretagne, on n'auroit pu trouver une femme ni mieux faite, ni dont les traits offrissent un ensemble plus agréable.

Uter-Pendragon en devint passionnément amoureux. Il mit tout en œuvre pour lui découvrir son amour, mais inutilement, la dame, qui chérissoit son mari, étoit sage, et feignoit de ne rien voir. Ulsius, l'homme de confiance du Roi, se chargea de plusieurs lettres pour elle, mais il ne put lui en faire lire aucune ; il en étoit de même des présens, qu'elle renvoyoit aussi-tôt, sans en rien garder.

Tant que le Roi se tint dans les bornes d'une galanterie ordinaire, Yguerne gardoit le silence ; mais un jour, ayant donné une commission importante au mari, il profita de cette circonstance, pour s'introduire jusque dans sa chambre à coucher, où, la trouvant seule, il lui fit la déclaration la plus formelle de son amour, et lui laissa même entrevoir, qu'il ne s'en tiendroit pas-là, et qu'il useroit de sa puissance, pour l'obliger à lui être favorable.

Le même jour étant à table avec le Duc, on lui servit à boire dans une coupe d'or, dont le travail surpassoit la matière. Celui-ci l'admira, et témoigna, quelque desir d'en faire présent d'une semblable à sa femme; aussi-tôt, le Roi saisissant l'occasion, la remit à un domestique, avec ordre de la porter à cette dame de la part de son mari.

Lorsqu'il rentra, la Duchesse lui fit de grands remerciemens de ce présent; mais apprenant la main d'où il venoit, elle le rejetta avec indignation. C'est trop long-temps se jouer de nous, s'écria-t-elle, apprenez un secret que mon intention étoit de vous taire, si cela eût été possible. Sachez que ce Souverain, qui vous accable de tant de bontés, m'en témoigne aussi quelques-unes : alors elle entra dans le plus grand détail sur-tout ce qui s'étoit passé. Le Duc avoit de l'honneur, il fut révolté de ce procédé. Ma chère Yguerne, lui dit-il, en l'embrassant, il est un moyen de déjouer les pojets de notre ennemi commun, saisissons ce moment, abandonnons un lâche qui nous trahit, fuyons dans un pays où vous n'aurez rien de semble à redouter.

A l'instant, il donna ordre de tenir prêt son cheval et le pallefrôi de la Duchesse ; il sortit du château suivi seulement de deux écuyers, et de quelques domestiques, en donnant ordre aux autres de se mettre en marche dans la même journée.

Uter-Pendragon apprit cette évasion avec la plus vive colère. Quoi, dit-il, le Duc de Tintayel vient me braver jusque dans ma propre cour ; qu'il ne croye pas que je le souffrirai. Il fit toutes les extravagances d'un homme qui se croit tout permis, même de violer les loix de l'équité et de la vertu. Il sembloit que ce Duc en fuyant son deshoneur, s'é- rendu coupable de félonie.

Il assembla son conseil, auquel il exposa la conduite de son vassal, sans cependant leur faire part du motif de son mécontentement. Il fut résolu qu'on lui envoyeroit un héros d'armes, pour le sommer de revenir, et de rendre compte de sa conduite.

Dieu juste et bon, s'écria le Duc à ce Message, pour qui me prend donc le Roi, mon Seigneur ? me croit-il assez lâche pour conduire ma femme dans ses bras, plutôt mourir mille fois que de me rendre coupable d'une telle infâmie ; dites à votre Maître et à son Conseil, que bien loin d'obéir, je m'enterrerai sous les ruines de ma dernière ville ; qu'il devroit rougir du motif de sa demande ; mais que j'espère, avec l'aide de Dieu, me maintenir contre un tyran aussi dangereux.

Cette réponse dont on ne comprenoit pas le vrai sens, surprit tout le monde, qui avoit toujours regardé ce Seigneur comme un homme d'une prudence consommée; la guerre fut résolue à l'unanimité, et lui fut déclarée avec les formes usitées dans ces tems-là.

Le Duc possédoit deux places extrêmement fortes; pour ne pas tout risquer à la fois, il renferma Yguerne dans l'une avec une bonne garnison, et un Commandant sur lequel il pouvoit compter. Il se jetta dans l'autre avec l'élite de ses troupes.

Si le Roi n'avoit consulté que son amour, il auroit commencé la campagne par le siége de la première de ces deux places; mais il fut obligé de suivre l'avis du

Conseil, qui opina pour la seconde.

Merlin, que nous verrons souvent dans le cours de ce Roman, indulgent pour les faiblesses des autres, eût pitié du tourment du Roi : on le blâmer un peu moins de jouer un pareil rôle, si l'on considère qu'il lisoit dans l'avenir, qu'il étoit écrit que cette belle Reine étoit destinée à commettre une infidélité avec Uter-Pendragon, et que de cette foiblesse, il naîtroit un fils qui seroit la gloire de la Grande-Bretagne ; d'ailleurs, un mariage devoit bien-tôt reparer ce petit défaut de forme. Voici comment la chose se passa.

L'Enchanteur prit la figure d'un aveugle, vieux et contrefait, et se plaça à quelque distance du camp, dans un lieu où il savoit que le Roi, accompagné de son seul confident Ulsius, venoit parler de ses amours.

Sire, lui dit-il, lorsqu'il fut près de lui, si vous voulez m'accorder un don, je pourrai bien accélérer la réussite de vos desseins, et vous procurer un rendez-vous avec votre belle Duchesse. Celui-ci qui se douta que c'étoit Merlin, accorda sans hésiter. *Marcy de vous*, reprit celui-ci, *que m'avez donné la chose, qui pour moi mieux vaut ; c'est votre compagnon, que m'avez donné pour conducteur.*

Ah Dieux pitoyables, s'écria en sanglottant celui-ci, à quoi m'avez-vous réservé, devenir valet d'aveugle dans me vieillesse, ah Sire, *vous êtes de bien legère croyance, que m'avés ainsi donné à ce bon-homme.* Venez lui dit Merlin d'un ton sévère, vous m'appartenez, et j'espère que vous ferez avec zèle votre devoir.

Uter-Pendragon pouvoit à peine s'empêcher d'éclater de rire, en voyant le désespoir de son Sénéchal ; Merlin fit bien-tôt trève à la plaisanterie, en reparoissant sous sa figure naturelle. Sire, dit-il, les momens pressent, allez vous préparer à un voyage bien agréable, je me charge de vous introduire dans la forteresse, et jusque dans le lit de celle qui possède votre cœur, venez me prendre dans ce lieu même à six heures du soir.

Avant de se mettre en route, Merlin donna au Roi la figure du duc, à Ulsius, celle de Bretiaux, et lui-même emprunta cele de Jourdain, compagnon d'armes et ami particulier du Duc. Avant d'entrer dans le Château, il leur donna toutes les instructions dont ils avoient besoin pour bien jouer leur rôle. Sire, ajouta-t-il, vous voyez combien je m'intéresse à vous, mais il faut que vous juriez *sur les saintes Reliques*, (1) que vous suivrez tous mes conseils, et que vous m'accorderez un don que je vous expliquerai quand il sera temps.

L'arrivée de ces trois person-

On retrouve par-tout, dans les anciens Romans, ce mêlange bizâre de dévotion et de libertinage. Celui qui devoit se battre en duel, celui qui promettoit fidélité à la maîtresse qu'il séduisoit, le criminel même faisoit serment sur le Corps de Jésus-Christ ou sur les Reliques.

nes répandit la plus grande joye dans le Château. Yguerne surtout, fit à celui qu'elle prenoit pour son époux, mille questions sur sa santé, et sur la situation de ses affaires : il répondit à tout, de manière à ne donner lieu à aucun soubçon, et l'un et l'autre abrégea le souper, pour jouir plus promptement du plaisir de se trouver seuls.

Le lendemain, le jour paroissoit à peine, que les deux Chevaliers vinrent le presser de se lever, et de partir. *Ah bons doux amis, s'écria-t-il, combien peu savez, que c'est de tenir sa mie dans ses bras;* il est encore de bien bonne heure, nous arriverons toujours à temps. *ce mais Dieux, Sire Duc,* reprit le feint Jourdain, *peu avés de cure de vos affaires, partons.*

Uter-Pendragon s'habilla en silence, et après un baiser des plus tendres, donné et rendu, il s'éloigna en soupirant du Château, à peine en étoit-il à un demi-mille, que des courriers y apportèrent une nouvelle très-étrange, à laquelle personne ne voulut ajouter foi, mais qui causa bien du dérangement dans les idées de la belle Yguerne. Le Duc, disoient les Messagers, a été tué hier soir, dans une sortie qu'il a faite sur ses ennemis, et c'est avec bien de la peine que les troupes sont rentrées dans Tintayel, avec le corps de leur Seigneur. Ce récit fut confirmé un moment après par le véritable Bretiaux, qui redoubla l'étonnement de la Duchesse, en l'assurant que ni lui, ni le Duc, ni Jourdain, n'étoient venus au Château.

Tandis que cela se passoit, Merlin instruisoit le Roi, du sujet pour lequel il avoit précipité son départ. « Sire, lui dit-
» il, à peine étions nous éloigné
» du camp, votre ennemi voulut
» surprendre l'armée. Il fit une
» sortie à la tête de ses meil-
» leures troupes, mais il fut re-
» poussé avec perte, et dans le
» temps où il faisoit retraite, il fut
» tué d'un coup de lance. A peine
» sortions-nous du Château, que
» les courriers étoient sur le point
» d'y entrer, et vous jugez bien
» quelle rumeur auroit occasionné
» votre présence, sur-tout à l'é-
» gard de Bretiaux qui venoit d'y
» arriver. »

» Vous sentez, Sire, qu'après

» ce qui s'est passé, vous ne pou-
» vez pas, avec honneur, faire la
» guerre à une femme que vous
» aimez, qui est destinée à deve-
» nir votre épouse, et sur-tout,
» qui porte dans son sein, un
» gage des faveurs que vous en
» avez obtenues. Vous devez donc
» faire cesser toutes hostilités,
» dès le moment de votre arrivée
» au camp, et ramener l'armée
» dans votre Royaume. Sous quel-
» ques jours, vous ferez proposer
» à la veuve un accomodement, ce
» sera Ulsius qui portera les pa-
» roles de paix, et pour condition
» préliminaire, il proposera vo-
» tre mariage avec elle. Il im-
» porte beaucoup, qu'elle ne
» puisse soupçonner ce qui s'est
» passé cette nuit, elle ne vous
» pardonneroit jamais cette su-

» percherie, il faut même qu'elle
» l'ignore toujours ; le don que
» vous m'avez accordé est le fils
» qu'elle doit mettre au monde.
» Ce sera lui qui vous succé-
» dera, et certes, il s'en rendra
» bien digne par ses hauts faits
» d'armes. Vous connoissez mon
» attachement , et vous croirez
» facilement que les soins ne lui
» manqueront pas. »

CHAPITRE XIV.

Mariage d'Uter-Pendragon avec la belle Duchesse de Tintayel, et celui du Roi Loth d'Orcanie, avec sa fille; naissance d'Artus. Nouvelle irruption des Sesnes. Viellesse et mort du Roi.

Ulsius conduisit cette négociation avec tant d'art, il sut si bien faire valoir la modération du Roi, et l'avantage que la Duchesse retiroit de cette alliance, que ses parens ne lui permirent pas même de faire des réflexions. Une chose cependant l'embarrassoit furieusement, c'étoit sa grossesse, qu'il n'étoit plus possible de cacher ; mais elle leva cette difficulté, par une confidence au Roi, de tout ce qui s'étoit passé. Celui-ci ne l'en estima que plus, après un aveu de cette importance, il la rassura, mais il lui insinua en même-temps qu'il falloit y mettre beaucoup de mystère et de prudence, qu'il ne pouvoit reconnoître cet enfant, mais qu'il le feroit élever secrètement, et qu'il seroit possible de lui assu-rer sa couronne, par le secours de Merlin.

Yguerne avoit déjà de son premier mari, une fille charmante, en âge d'être mariée. Le Roi Loth d'Orcanie, jeune Prince, vassal et ami d'Uter-Pendragon, en étoit devenu éperdument amoujeux, il l'obtint sans peine, et l'épousa le jour même où sa mère prenoit un second mari.

Lorsque le terme de la grossesse de la Reine approcha, Merlin vint trouver le Roi, Sire, dit-il, vous avez reparé votre péché, mais non pas moi le mien. A peu de distance de cette ville, demeure un Chevalier vertueux, mais pauvre, nommé Anthor : trop loyal pour être courtisan, il n'a remporté du service, pour récompense, qu'une foule de blessures honorables qu'il a reçues en combattant pour sa patrie. Sa femme vient de mettre au monde un fils qu'elle allaite, je l'ai prévenue, elle ne refusera pas la même faveur au vôtre, qui s'appellera Artus. Comblé de vos bienfaits, il ne négligera rien pour lui donner une éducation convenable ; une demie confidence, l'a mis entièrement dans nos intérêts : il nous sera sous peu, d'une grande utilité.

Le jour même, vers minuit, la Reine accoucha d'un fils qui fut remis à Merlin, qui le déposa, selon sa promesse, chez Anthor, où nous le laisserons, jusqu'à ce qu'il soit temps de revenir à lui.

Le bon Uter-Pendragon fut attaqué d'une maladie de langueur, qui le réduisit à un tel degré d'épuisement, qu'à peine pouvoit-il se soutenir. Yguerne ne fut pas mieux traitée, et même le précéda au tombeau.

Les Sesnes profitèrent de cet état de foiblesse pour tenter une nouvelle invasion. Ils débarquèrent dans la Grande-Bretagne, et s'y fortifièrent sur les terres de différens Princes, tellement qu'ils menaçoient le Royaume d'une conquête générale. Pendant ce temps, les Barons occupés de leurs plaisirs, ou d'intrigues pour s'aggrandir, ne faisoient aucune attention aux plaintes qu'ils recevoient de tous les côtés ; mais enfin, plusieurs d'entr'eux ayant souffert de grandes pertes par les dévastations des ennemis, et les autres en craignant de plus grandes encore, ils s'éveillèrent comme d'un profond sommeil, et rassemblèrent une armée considérable.

Ils étoient convenus d'un rendez-vous où chacun devoit ammener ses troupes, mais lorsqu'il s'agit de choisir un Chef, il ne fut jamais possible de s'accorder, personne ne vouloit obéir à l'autre, tous desiroient commander. L'ennemi, averti de cette division, qui les empêchoit d'agir, profita de cette circonstance pour attaquer le camp. La victoire fut opiniâtrement disputée ; mais que peut la bravoure sans Chef ? les alliés furent défaits à plate-couture. Le carnage fut terrible ; les Barons sur-tout furent maltraités. Trop braves pour fuir devant l'ennemi, ils périrent presque tous sur le champ de bataille.

La nouvelle de cette défaite parvint bien-tôt jusqu'à la ville de Logres, où elle jetta la consternation et le découragement ; on croyoit à chaque instant voir arriver un ennemi, fier de ses succès, et prêt à se venger de ses échecs passés.

Le Roi lui-même commençoit à désespérer du salut public, lorsque Merlin parut à ses yeux. Sire, lui dit-il, ce n'est pas avec des larmes que des héros tels que vous vengent leur honneur, c'est par des actions. Il vous reste encore assez de troupes pour espérer de triompher, rassemblez-les, et marchez à leur tête. La confiance que vous leur inspirerez les rendra invincibles. Je sais que vos forces ne vous permettent pas de monter à cheval, eh bien! faites vous porter dans une litière à la tête de l'armée, votre présence fera cesser ces débats qui ont été déjà si funestes aux troupes. Vous savez, Sire, que je ne vous ai jamais trompé, vous reviendrez victorieux et couvert de gloire ; mais , je ne dois pas vous le dissimuler , votre heure s'avance , et vous devez penser à une autre vie. C'est par le bonheur de vos peuples , c'est en épargnant leur sang et leurs sueurs ; c'est par la pratique constante de toutes les vertus , que vous l'obtiendrez heureuse. Adieu , Sire , comptez sur mes promesses , vous me verrez encore une fois , mais ce sera pour la dernière.

Uter-Pendragon avoit une confiance illimitée dans Merlin ; il assembla ses troupes , et s'avança vers l'ennemi, avec tant de promptitude et de secret , qu'ils n'eurent aucune connoissance de sa marche. Croyant n'avoir rien à redouter, ils s'étoient répandus çà et là, pillant et ravageant tout ce qui leur tomboit sous la main ; ce fut en ce moment, que le Roi parvint jusqu'à eux, et en eût bon marché. Dans le premier moment, ils tentèrent de se rallier, mais inutilement, leurs troupes étoient taillées en pièces à mesure qu'elles arrivoient. Leurs richesses, le camp, les esclaves, et jusqu'à leurs femmes, tout fut la proye du vainqueur, à peine une petite partie se sauva-t-elle dans les forêts, où ils restèrent plusieurs années sans rien tenter, et ce ne fut que long-temps après, qu'ils reparurent avec avantage, et qu'ils donnèrent bien de l'occupation à Artus son successeur.

A peine de retour dans sa capitale, Uter-Pendragon perdit sa chère Yguerne, et lui-même sentit que sa mort approchoit. Il tomba dans un assoupissement léthargique, qui fit croire à tout le monde qu'il étoit trépassé, et déjà l'on se préparoit à l'ensevelir, lorsque Merlin parut.

Seigneurs, dit-il aux Barons qui entouroient le lit, le Roi n'est pas encore privé de la vie, je vais vous le prouver; Sire, dit-il, en se penchant vers lui, et lui parlant à voix basse, je viens vous tenir la parole que je vous ai donnée ; souvenez-vous que vous avez un fils, qui doit être votre succeesseur, mais que Dieu seul connoît le mode par lequel il parviendra à la couronne.

A ces mots, le Roi sortant de sa léthargie, leva la tête, et se tournant vers les assistans ; « Sei- » gneurs, et vous tous qui m'é-

» coutez, vous savez que je vous
» ai toujours traités avec douceur ;
» j'emporte au tombeau la certi-
» tude consolante de n'avoir ja-
» mais négligé mes devoirs. Une
» seule fois, emporté par la fou-
» gue des passions, j'ai commis
» une injustice. Accordez à celui
» qui me succédera, une partie
» du respect et de la tendresse
» que vous m'avez toujours té-
» moignée. J'espère qu'il s'en
» rendra digne par sa vertu, c'est
» mon.... » Un geste expres-
sif de Merlin, lui coupa la parole, il appuya sa tête sur l'o-
reiller, et fit un soupir, qui fut
le dernier de sa vie.

CHAPITRE XV.

PRODIGE *qui précède le choix du successeur d'Uter-Pendragon, avénement d'Artus au trône ; guerre des Barons contre lui, leur défaite, son couronnement.*

LES cérémonies des obsèques du Roi étoient à peine faites, que tous ceux qui croyoient pouvoir lui succéder, firent de grandes brigues pour obtenir cet honneur. Merlin fut observé par chacun des prétendans ; ils s'efforçoient de le mettre de leur parti, mais il ne voulut leur donner aucune explication, avant l'assemblée qui devoit précéder le cérémonie de l'élection.

Il la convoqua pour le Dimanche suivant, dans la principale Eglise, et il leur tint ce discours. « Envain vous prétendriez chan-
» ger l'ordre des destinées, toutes
» les intrigues ne vous condui-
» roient qu'à des divisions funes-
» tes, et à une guerre intestine,
» qui entraîneroit votre perte et
» celle du Royaume. Je sais que
» Dieu manisfestera sa volonté
» par un prodige, mais ce ne
» sera qu'aux prochaines fêtes de
» Noël. Nous n'en sommes pas
» fort éloignés, ainsi vous devez
» attendre ce moment avec con-
» fiance. Pendant cet intervalle,
» le grand Sénéchal aura la di-
» rection générale des affaires,

» et je vous assure qu'il ne se
» passera rien d'important. »

Les Barons accédèrent à cette proprosition. Merlin jouissoit d'une telle réputation, que c'eût été un crime de douter un instant de sa véracité. Cependant le bruit de cette merveille, qui devoit s'opérer la veille de Noël, avoit attiré une foule immense de curieux, parmi lesquels on remarquoit Anthor, accompagné d'Artus et de son fils -encore jeunes, *varlets.*

Tout le monde voulut assister à la Messe de Minuit, pour être témoin du prodige ; mais déjà l'aube du jour paroissoit, sans que rien d'extraordinaire eût paru, et la confiance diminuoit, lorsqu'un homme vint annoncer que vis-à-vis la porte de l'Eglise , on voyoit un perron de marbre élevée de quatre marches, sur lequel étoit placée une enclume, traversée d'une épée, dont la poignée j'ettoit un grand éclat, par les pierreries dont elle étoit enrichie. Chacun s'empressa d'y courir, pour s'assurer par ses yeux de la réalité de ce fait, mais il ne fut permis à qui que ce fut d'y monter, avant l'arrivée de Merlin, précédé du Clergé et de l'Archevêque, nommé Brice.

Seigneurs, leur dit l'Enchanteur, l'accès de ce perron est défendu à tout homme qui ne s'est pas rendu digne d'y monter, par sa loyauté, ses vertus et son courage; mais personne ne pourra ôter cette épée du lieu où elle est, que celui qui est destiné à monter sur le trône. Que celui qui veut éprouver l'avanture s'avance, en commençant par ceux qui occupent les premières places, afin d'éviter tout sujet de dispute.

Quelques-uns de ceux qui étoient présens, se rendirent assez de justice, pour ne pas même vouloir éprouver l'avanture ; mais un bien plus grand nombre s'y présenta avec assurance, tremblant seulement d'être prévenus par ceux qui les précédoient. Quelques-uns ne purent arriver jusqu'à la première marche, d'autres parvinrent jusqu'à la platte-forme, deux seulement, purent toucher l'épée, mais firent de vains efforts pour l'arracher.

Déjà l'on craignoit que personne ne put mettre cette avanture à fin, lorsque Merlin annonça que celui qui étoit destiné à l'accomplir étoit présent, qu'il falloit que tout le monde indifféremment le tentât, sans aucun égard pour l'âge ou la profession. Artus, par modestie, ne s'étant pas encore avancé, Anthor le prit par la main, et l'obligea de s'y présenter. Sa taille haute et bien prise, son air noble et fier, attirèrent aussi-tôt tous les yeux. Il fut à peine parvenu aux premiers degrés, qu'une musique délicieuse se fit entendre. Aucun obstacle ne s'opposa à sa marche jusqu'à l'enclume, d'où il tira l'épée sans éprouver de difficulté. A l'instant elle jetta une clarté, qui éblouit les yeux de tous les assistans. Cette épée, la meilleure qui fut au monde, s'appelloit *Escalibor*, ce fut elle qui dans la suite appartint au Paladin Roger.

Aussi-tôt l'air retentit de cris de joye, auxquels les Barons furent obligés de mêler les leurs, malgré la rage dont ils étoient pénétrés intérieurement, de se voir préférer un enfant. On voulut sur le champ le reconnoître pour Souverain, mais ils s'y opposèrent, sous prétexte, que la volonté de Dieu n'étoit pas assez manifestée par ce prodige, et qu'ils devoient encore lui faire subir un examen, pour s'assurer s'il étoit capable de bien gouverner.

L'examen se fit le lendemain publiquement, au milieu du Conseil, assemblé selon l'usage du temps dans une vaste plaine, qui confinoit les murs de la ville. Les demandes et les réponses étoient répétées au peuple par des Héraults, afin que tout le monde put les juger. La manière dont Artus se tira d'affaires excita l'admiration de ses ennemis mêmes, qui ne pouvoient disconvenir qu'il ne possédât déjà des lumières extraodinaires sur le gouvernement des peuples, et sur la conduite d'une armée.

Il fut proclamé Roi avec les cérémonies usitées, et sur le champ on lui prêta le serment de fidélité, mais la cérémonie du couronnement fut remise aux Fêtes de la Pentecôte, afin de lui donner tout l'appareil et toute la pompe possible, en faisant annoncer un grand tournoi, qui presque toujours terminoit les Fêtes solemnelles.

Le nouveau Roi congédia tous les Barons, afin qu'ils eussent le temps de faire les préparatifs de cette journée, mais au lieu de s'en occuper, ils tinrent un conseil entr'eux, sur les moyens de le renverser du trône, dont ils se croyoient plus dignes que lui.

Dès les premiers jours du printems, ils réunirent leurs troupes et marchèrent sur la ville de Logres où demeuroit Artus. Celui-ci averti de leurs desseins et de ces rassemblemens, avoit pris des précautions. Il avoit fait entrer dans la ville des troupes nombreuses et aguéries, avec des vivres en quantité suffisante pour soutenir un siége.

A peine les préparatifs étoient terminées, qu'on vit paroître l'armée combinée, conduite par les Rois Loth d'Arcanie, Garlot des Isles neutres, et plusieurs Rois ou Ducs, vassaux de la Grande-Bretagne. Ils vinrent asseoir leurs camp jusque sous les murs de la ville, et se préparèrent à l'attaquer.

Merlin assembla aussi-tôt le Conseil. « Seigneurs, leur dit-
» il, les Barons se sont révoltés
» contre leur Souverain légiti-
» me, ils méritent punition, mais
» le premier devoir d'un Roi est
» d'épargner le sang de ses sujets ;
» il faut donc user de tous les
» moyens de conciliation, avant
» d'employer la force. Je suis
» d'avis que l'Archevêque Brice,
» à la tête d'une partie de son
» Clergé, leur demande une en-
» trevue, si elle ne produit au-

« cun effet, je me transporterai
« moi-même dans leur camp; mais
« s'ils s'obstinent dans leur in-
« juste entrepprise, nous em-
« ployerons les moyens de résis-
« tance, et Dieu n'abandonnera
« pas la cause la plus juste. »

On suivit le Conseil de l'Enchanteur. Brice exhorta les révoltés à la soumission, leur représenta comien ils manquoient aux loix divines et humaines. Il les assura que le Clergé et le Peuple étoient résolus de défendre leur Souverain, jusqu'à la dernière goute de leur sang, mais toutes ces conditions furent inutiles, Merlin lui-même échoua dans la tentative qu'il fit pour les ramener.

Alors, l'Archevêque se rendit sur les murs de la ville, et procéda à la cérémonie de leur excommunication. Une partie des soldats, effrayés de cet anathême les abandonna, et leurs forces se trouvèrent réduites à moitié. En même-temps Artus, à la tête de l'élite de ses troupes, fit une vigoureuse sortie. Il étoit précédé par l'enseigne du Dragon inflammé, portée par Merlin, et tenoit à la main la redoutable Escalibor, qu'il avoit retirée de l'enclume.

Il répandoit la terreur dans tous les rang; envain le Roi Loth d'Arcanie avoit voulu s'opposer à lui, du premier coup il avoit été blessé dangéreusement, et renversé sous les pieds des chevaux. Le Roi des Isles neutres crut le venger, mais il fut atteint d'un coup de pointe qui lui cloua l'écu et le haubert à la cuirasse, et le mit hors de combat.

Un nouvel accident, qu'on regarda comme une suite de l'excommunication, vint augmenter le découragement. Un incendie terrible éclata parmi les tentes et le bagage, et chacun chercha son salut dans la fuite. Artus fit cesser le carnage et la poursuite, dès qu'ils ne résistèrent plus, et fit rentrer son armée dans la ville, après avoir fait enlever tout ce qui en méritoit la peine, et détruire le reste.

Il fit ensuite donner la sépulture aux morts, et procéder au partage du butin, dont il ne se réserva qu'une légère portion.

Cette défaite amena la paix dans le Royaume, mais pour obvier à tout danger à venir, il fit fortifier avec soin toutes les places, y mit de nombreuses garnison, destinées à protéger le plat-pays, et les garnit de munitions de guerre et de bouche pour un temps assez long.

Cette guerre, presqu'aussi-tôt terminée que commencée, n'empêcha pas que la cérémonie du couronnement n'eût lieu aux Fêtes de la Pentecôte, comme on l'avoit projetté ; mais elle ne fut pas aussi brillante qu'elle eût été sans cette circonstance. Il ne s'y présenta qu'un petit nombre de grands Vassaux, et les Chevaliers seuls suivirent cet exemple.

CHAPITRE XVI.

Conseils de Merlin au Roi Artus. Message aux Rois Ban de Benoic, et Boors de Gauves ; leur arrivée à la Cour. Avanture galante d'Artus. Plaisanterie de Merlin.

Au millieu de toutes ces occupations, Merlin ne perdoit pas de vue les intérêts de son protégé. Il vint un jour le trouver dans son cabinet.

« Sire, lui dit-il, les destins
» vous appellent à des grandes
» choses, et déjà vous avez la
» réputation d'un guerrier célè-
» bre, dans un âge où les autres

» obtiennent avec beaucoup de
» difficultés la permission d'en-
» dosser le harnois militaire; mais
» pour y parvenir, il vous reste
» bien des choses à faire, et c'est
» sur cet objet que je me pro-
» pose de vous donner des con-
» seils.

» Des ennemis puissans vont bien-
» tôt vous attaquer. Les grands
» Vassaux de votre empire refu-
» sent de vous prêter hommage,
» et vous n'avez aucun allié : d'ail-
» leurs il faut penser à vous ma-
» rier, vous devez faire le bon-
» heur d'une épouse chérie, tant
» que vous n'écouterez que la
» voix de la justice et de la rai-
» son, je ne puis m'expliquer
» davantage sur cet objet.

» Quant aux alliances, la pre-
» mière est celle des Rois Ban de

» Benoic et Boors de Gauves,
» deux Héros qui vous estiment
» sans vous connoître, et qui se-
» ront charmés de s'unir plus in-
» timmement à vous par les liens
» de l'amitié. Leur couronne re-
» lève de vous, et ils vous doi-
» vent foi et hommage; cepen-
» dant, ce n'est point sous ce
» point de vue qu'il faut les en-
» gager à venir, je les connois,
» ils sont fiers, ils ne voudroient
» pas s'y rendre ; c'est donc
» en les prévenant au nom de
» l'amitié, que vous parviendrez
» à vous les attacher,

» Léodagan, Roi de Thame-
» lide, possède une fille char-
» mante, nommée Genievre,
» déjà son père pense à lui don-
» ner un époux. Cette jeune Prin-
» cesse est digne par sa beauté,

» et par son caractère, de faire
» le bonheur d'un honnête-hom-
» me, elle est fille unique, et
» vous réunirez un jour ses états
» aux vôtres.

» Mais, il faut, pour qu'un
» mariage soit heureux, que le
» cœur soit de la partie, il est
» donc nécessaire que vous la
» connoissiez, et que vous ga-
» gniez le sien. L'occasion est
» on ne peut pas plus favorable.
» Le Roi de l'Isle des Géans, uni
» à celui du pays des Pasteurs,
» lui fait une guerre cruelle, dans
» laquelle il a souffert bien des
» pertes ; malgré les secours des
» Chevaliers de la Table Ronde,
» créés originairement par le Roi
» Uter-Pendragon votre père,
» mais qu'un mécontentement a
» forcés d'abandonner sa Cour
» pour

» pour se réfugier en Thamelide.
» Vous acquérerez l'estime et
» l'amitié de cette brave troupe,
» que vous trouverez moyen de
» ramener dans vos Etats, d'où
» ils n'auroient jamais dû s'éloigner. »

Artus expédia aussi-tôt deux de ses Officiers vers les deux Rois, pour les engager à venir le trouver. Ces Chevaliers eurent à vaincre de grands obstacles dans cette négociation. Lorsqu'ils arrivèrent en Gaule, la guerre étoit allumée entre eux et le Roi Claudas, Souverain d'un pays limitrophe, dont la Capitale étoit Bourges. On étoit occupé à en faire le siége au moment où ils débarquèrent, mais pendant leur voyage, qui fut traversé par plusieurs combats, et un assez grand nombre d'avantures, dans lesquelles ils se signalèrent, dans cet intervalle, la ville fut prise, et les deux Rois étoient de retour en leurs pays. Ce ne fut donc qu'après un temps assez long qu'ils s'acquittèrent de ce message.

Ils alléguèrent d'abord avec assez de raison, qu'ils ne pouvoient abandonner leur pays pendant une guerre douteuse, où leur présense étoit indispensable, mais ce prétexte disparut, et ils n'eurent plus d'objection à faire, dès qu'ils surent que cet arrangement se faisoit par l'ordre de Merlin, qui se chargeoit de veiller à la conservation de leurs intérêts.

Pendant que cela se passoit, Artus se délassoit des fatigues de la guerre, par des divertissemens et des tournois. Il tint aussi une cour plénière à laquelle se trouva un concours prodigieux de Chevaliers et de Demoiselles. Parmi celles-ci, on distinguoit sur-tou la jeune Lysanor, fille du Comte de Percorentin, qui venoit faire hommage de ses terres. Maîtresse de ses actions dès son enfance, par la mort de ses parens, elle avoit méprisé les vœux de tous les hommes, mais son cœur ne put rester insensible pour le Rois Celui-ci sentit aussi le feu de l'amour le plus violent couler dans ses veines, et dès ce moment, il ne soupira qu'après la possession de la charmante Bretonne.

Merlin dont ce penchant contrarioit les projets, se hâta de l'éteindre par la jouissance. Il savoit combien l'amour satisfait s'amortit facilement, et qu'il s'irrite au contraire par les difficultés. Sire, dit-il au Roi, la belle Lysanor a fait sur vous une grande impression, et cela est bien pardonnable, mais vous ne devez avoir pour elle qu'une liaison passagère ; je peux même vous certifier qu'elle a autant d'impatience que vous de s'assurer si vous l'aimez véritablement : soyez tranquille, je prends part à votre peine, et je vous promets qu'avant la fin de la nuit, vous serez parfaitement d'accord.

A peine, tout le monde fut-il enseveli dans les douceurs du sommeil, que Merlin vint prendre Artus, et le conduisit, jusque dans la chambre où la charmante Lysanor venoit de se mettre au lit, palpitante de desirs et combattue par un reste de pudeur ; Merlin l'avoit prévenue sur la visite qu'elle devoit recevoir. Il se retira un moment après, nous imiterons sa discrétion, en tirant le rideau sur cette nuit charmante pour les deux jeunes gens ; puisque la Comtesse retarda son voyage de plusieurs mois, pour jouir plus long-temps des plaisirs du Château. Ce fut à ces rendez-vous, que dût la naissance un Chevalier nommé Lohost, dont le nom devint célèbre parmi ceux de la Table Ronde.

Au milieu de ces plaisirs, ses Messagers vinrent lui annoncer que les Rois Ban et Boort, alloient arriver, et que déjà ils avoient débarqué sur les côtes de la grande-Bretagne.

On donna aussi-tôt des ordres

pour qu'ils fussent reçus avec une magnificence et une pompe extraordinaire. Toutes les rues furent tendues avec des étoffes de soye, le pavé étoit couvert de fleurs, et l'on avoit disposé, d'espace en espace, des cassolettes, dans lesquelles brûloient des parfums précieux.

Le jour de leur entrée, une troupe de filles couronnées de fleurs, et précédées par des instrumens de musique, ouvroient la marche, en formant des danses; après elles venoit tout le Clergé, l'Archevêque à la tête, puis les Officiers des troupes, les Chevaliers étrangers, ceux de la Cour; enfin le Roi vêtu d'une magnifique casaque, éteincellante d'or et de pierreries, monté sur un superbe cheval blanc, et accompagné de tous les grands Officiers de sa Cour. Toutes les troupes couvertes de leurs plus belles armes, et dans le meilleur ordre, bordèrent la haie des deux côtés de la rue. Ce corps s'avança jusqu'à plus d'une lieue au-devant des deux Rois, qui mirent pied à terre, dès qu'ils virent paroître Artus. Celui-ci en fit autant, et courut à eux les bras ouverts, en leur demandant leur amitié.

On servit sur l'herbe un dîner, après lequel on retourna à la ville, où l'on n'arriva qu'à la nuit fermée ; mais toutes les maisons étoient illuminées, et un nombre prodigieux de flambeaux faisoient disparoître les ténèbres.

Le lendemain on ouvrit un tournois, dans lequel on combattit corps à corps, pour faire preuve de son adresse et de sa force, après quoi on se sépara en deux partis, composés chacun de plus de cinquante Chevaliers.

Tous les jours qui suivirent, furent une suite continuelle de plaisirs, tellement variés, qu'ils ne se trouvoit pas un instant de vide dans toute la journée.

Brédigan étoit en même-temps une forteresse, et une jolie maison de campagne, par sa situation, au milieu d'une vaste forêt, abondante en gibier. Artus y conduisit ses hôtes, pour leur donner cet amusement : les jours où ils ne chassoient pas, ils s'amusoient à la promenade dans une belle plaine, traversée par une petite rivière.

Un matin que les trois rois étoient sortis de bonne heure, ils virent venir à eux un espèce de sauvage d'assez mauvaise mine, armé d'un fort arc et d'un carquois, qui s'amusoit à la chasse des canards sauvages qui étoient en abondance dans les rosaux, chacun de ses coups donnoit la mort, et un petit chien qui l'accompagnoit, alloit chercher le gibier, et le lui rapportoit.

Artus s'avança de son côté, et lui demanda ce qu'il vouloit avoir de sa chasse. Sire, reprit le paysan sans s'étonner, je vous l'abandonnerai volontiers ; mais j'espère que vous m'en donnerez une somme suffisante, pour élever mes enfans, et me mettre à l'abri de la misère.

Mon ami, comment arranges-tu cela ? Il me paroît que tu mets ton travail à un prix bien extraordinaire ; par ma foi , dit-il , en se tournant du côté des deux Rois, ce mets seroit trop cher pour moi, il vaut mieux nous en passer.

Comment, Sire, reprit le paysan, vous qui possédez plus de richesses qu'il m'en faudroit pour enrichir une province, vous craindriez de détacher une légère portion de votre superflu , pour rendre un homme heureux ; eh bien, moi je serai plus généreux, ces canards sont tout mon bien, ils sont destinés à ma subsistance et à celle de ma famille , je vous en fais le don, sans aucun intérêt, et avec plaisir.

Artus, surpris de cette action, et de la sévérité du reproche qu'elle renfermoit, ne savoit comment prendre la chose , lorsque Treulx, son Sénéchal , se douta que Merlin seul pouvoit se permettre une pareille leçon, il se mit à rire de toute sa force, en raillant beaucoup le Roi de ce qu'il ne savoit pas reconnoître ses meilleurs amis ; et Merlin, de ce qu'il avoit cru lui en imposer par son déguisement. Nous verrons dans le cours de ce Roman, que cet Officier, *étoit par sus tout bon Gabeur,* qu'il sacrifioit ses meilleurs amis à une raillerie ; ce qui lui attira quelquefois des corrections vigoureuses.

Merlin se voyant découvert, reprit sa figure naturelle, et reçut les caresses des trois amis et le témoignage de leur reconnaissance, pour les services qu'ils en avoient déjà reçu, et ceux qu'ils pouvoient encore en attendre.

CHAPITRE XVII.

Soumission de quelques-uns des Barons rebelles. Guerre contre les autres, leur défaite; autre avanture amoureuse du roi Artus, qui donne naissance à Mordrec ; départ du Roi, son arrivée à Thamelide.

Les Sesnes profitèrent de la désunion qui regnoit entre les Barons et leur Souverain pour attaquer les premiers. Ils avoient perdu l'élite de lenr troupes, dans la bataille où ils avoient été défaits, ils ne purent résister, et se trouvèrent obligés de se retirer chacun dans leurs états, où ils fortifièrent toutes les placés, en attendant que l'occasion favorable à la vengeance, se présentât.

Presque tous ces Rois avoient des fils déjà en état de recevoir l'Ordre de Chevalerie ; le Roi Neutre de Garlot, et celui d'Orcanie, étoient même proches parents d'Artus, leurs femmes étant filles d'Yguerne et du Duc de Tintayel.

La femme de Loth, sur-tout, voyoit avec désespoir, cette mésintelligence, mais pour en savoir la véritable raison, il faut remonter plus haut.

Dans le temps de la dernière maladie d'Uter-Pendragon, Loth s'étoit rendu à Bredigan, accompagné de sa femme, déjà mère de quatre enfans. Le Château se trouvant absolument rempli, il avoit été obligé de se loger dans la maison d'Anthor, qu'il connoissoit depuis longues années.

Dans ces temps où l'on se rapprochoit encore de l'âge d'or, les Rois n'étoient pas entourés de ce faste imposant qu'ils se sont attachés dans la suite ; la Reine montée sur une haquenée, quelquefois même en croupe derrière son mari; quelques écuyers, et très-peu de domestiques, formoient tout leur cortége.

Ce n'étoit point sous des lambris dorés, dans d'immenses appartemens qu'ils logeoient, une simple chambre, un seul lit leur suffisoit, dans les voyages même, on les voyoit partager ces commodités avec les étrangers.

La maison du bon Anthor n'étoit qu'une chaumière. Dans la pièce qui précédoit celle occupée par le Roi, couchoit le jeune Artus. Il avoit remarqué les charmes de la Reine d'Arcanie, il brûloit pour elle d'un violent amour. Il n'attendoit qu'un moment propice pour le lui déclarer, lorsque la fortune lui fut encore plus favorable.

La mort prochaine d'Uter-Pendragon, excitoit beaucoup de cabales pour le choix de son successeur. Les prétendans s'abouchoient dans le plus grand secret, et toujours pendant la nuit; mais comme ils ne se fioient pas entièrement les uns aux autres, ils se faisoient toujours suivre par leurs gens.

Loth, qui cachoit ses démarches, même à la Reine, avertit

sa suite de se tenir prête à marcher, aussi-tôt qu'elle seroit couchée et endormie ; mais cette absence n'échappa pas au jeune homme, qui résolut d'en profiter. Il se rendit auprès d'elle, et fut heureux, sans qu'elle se doutât de la supercherie. Personne n'en eût aucune connoissance, au moyen de la précaution qu'il prit de se retirer avant le retour du Roi. Ce fut à cette fraude, que dût le jour, un cinquième fils du Roi Loth, nommé Mordrec, le plus cruel ennemi du Roi Artus, celui qui fut cause dans la suite de sa perte, et de celle de tout le Royaume de Logres.

L'amour heureux est rarement discret, sur-tout à l'égard de celle qui en est l'objet ; Artus tint avec la Reine d'Arcanie une

conduite

conduite si énigmatique, depuis ce moment, que cela lui inspira de la curiosité. Elle avoit remarqué avec intérêt sa bonne mine, et peut-être son cœur avoit-il été plus ému pour lui, qu'elle-même ne le croyoit; quoi qu'il en soit, elle chercha les moyens de se trouver seule avec lui; cela n'étoit pas difficile, le Roi son mari n'étoit pas jaloux, d'ailleurs, tout entier aux affaires d'état, il négligeoit un peu sa femme.

La première fois que cela arriva, Artus profita habillement de la circonstance, pour lui faire l'aveu de sa tendresse, et lui en demander pardon. Il paroît cependant que cette liaison n'eût pas une bien longue durée, puisque deux jours après, le Roi Loth quitta la Cour, et emmena la Reine, qui ne put douter dans la suite que l'enfant qu'elle portoit dans son sein, n'appartint à Artus.

Après son avénement au trône, et lorsque sa naissance fut connue, elle forma des vœux bien sincères, pour le rétablissement de la paix entre son mari et lui.

Elle n'étoit pas la seule qui la desirât, la Reine de Garlot, sa sœur de mère, qui l'étoit aussi d'Artus, avoit les mêmes desirs, sans avoir les mêmes raisons, les siennes ne portoient que sur le bonheur des peuples, et l'estime qu'elle avoit conçue pour lui

Plusieurs des Barons révoltés firent aussi de sérieuses réflexions sur la faute qu'ils avoient commise, et se hâtèrent de la réparer, par leur soumission; il n'y eût qu'un Duc, et ceux qui portoient le titre de Roi, qui s'obstinèrent dans leur révolte : mais ce sentiment n'étoit point partagé par leur famille, nous en verrons des preuves dans un moment.

Enfin Merlin avertit les Rois qu'il étoit temps de se rendre en Thamélide, où leur présence étoit nécessaire, mais il voulut qu'ils y parussent sous des noms supposés, et que leur escorte ne fut composée que de cinquante chevaliers, tous d'une valeur et d'une force à toute épreuve.

Le voyage ne fut remarquable par aucune avanture ; arrivés aux portes de la Ville de Toraise, Capitale du Royaume, on les conduisit au Palais du Roi. Ils traversèrent la Ville à pied, se tenant deux à deux par la main. Artus et Merlin marchoient les premiers, Boors et Ban suivirent, ensuite tous les autres. Ce fut dans cet ordre qu'ils parvinrent jusqu'à la salle où le Roi étoit, accompagné des Seigneurs de sa Cour.

Surpris de la beauté de cette troupe, de la richesse des armes dont elle étoit couverte, et surtout de la bonne mine de tous ceux qui en faisoient partie, il se leva de son siége, et s'avança quelques pas au-devant d'eux. Chevaliers, leur dit-il, soyez les bien venus, si vous venez ici comme amis, mais dans le cas contraire, je vous accorde sûreté et protection, envers et contre tous ; expliquez-vous avec franchise.

« Sire, répondit Artus, qui

» portoit la parole, nous sommes
» des Chevaliers étrangers, qui
» parcourons le monde pour tenter
» les grandes avantures, et acqué-
» rir de la gloire. Attirés par la
» réputation de vos vertus et de
» votre probité, nous venons vous
» offrir nos services. Vous savez
» que le serment des véritables
» Chevaliers, est de protéger le
» plus foible, contre les insultes
» que se permet trop souvent le
» plus fort; pouvions-nous trou-
» ver une occasion plus favora-
» ble que celle qui se présente
» de vous aider à repousser un
» injuste usurpateur; mais nous
» osons y mettre une condition.
» Des raisons indispensables nous
» forcent de taire nos noms encore
» pendant quelque temps, qu'il
» nous soit permis de ne les révé-

» ler à personne, jusqu'à ce qu'elles ayent cessé. »

Avant de leur rendre réponse, Léogadan voulut prendre l'avis de son Conseil. Quelques-uns penchoient vers la négative, fondés sur le mystère que ces Chevaliers faisoient de leurs noms, mais la majeure partie vota pour l'acceptation de leurs services, vu leur petit nombre, qui ne pouvoit jamais les rendre bien dangereux ; d'ailleurs, ajoutoient-ils, leur intention peut être bonne ; on les surveillera, et il seroit possible qu'ils rendissent de très-grands services.

Jamais le Royaume de Thamelide, n'avoit été aussi prêt de sa ruine qu'il l'étoit en ce moment. Le Roi de l'Isle des Géants, le cruel Ryom, ligué avec plusieurs autres Souverains, ravageoit les campagnes, détruisoit les places, et venoit de remporter une victoire qui lui ouvroit le chemin de la Capitale; on s'attendoit à chaque instant, que son armée viendroit investir la Ville.

Ces considérations toutes puissantes, rendirent encore plus précieux, les secours qu'on venoit offrir. Léodagan retourna dans la salle où Merlin et ses compagnons attendoient la réponse. Seigneurs, leur dit-il, j'accepte avec reconnoissance l'offre que vous me faites de vos bras : un temps viendra peut-être, où je ne serai pas ingrat des services que vous me rendrez, en attendant, j'aurai soin que rien ne vous manque. Une seule chose ajouteroit à ma satisfaction ; ce seroit de savoir à qui j'ai cette obligation ; je crains de manquer aux égards qui vous sont dûs ; cependant je respecterez votre secret, autant que vous voudrez le garder : la faveur que je vous demande, est de ne le pas prolonger plus long-temps que vous ne le croirez indispensable.

Il donna ordre qu'on les conduisît chez un Vavasseur de sa Cour, nommé Blaire, bon Chevalier, aimant sur-tout les étrangers. Ce Seigneur, qui étoit fort riche, vaillant et aimable, venoit d'épouser une jeune personne qu'il adoroit, et dont il étoit tendrement chéri. Il reçut ses hôtes avec cette politesse franche, qui met un homme à son aise. Seigneurs, leur dit-il, regardez ma maison comme la vôtre, sur-tout n'épargnez rien de ce qui peut vous être utile ou agréable.

CHAPITRE XVIII.

Premiers exploits contre les Rois ligués, leur défaite ; il sauve la vie au Roi Léodagan. Partage du butin, générosité d'Artus.

Huit jours s'étoient écoulés depuis leur arrivée, lorsqu'ils entendirent vers l'aube du jour un bruit prodigieux dans la Ville. L'alarme sonnoit de tous les côtés, chacun couroit aux armes, et l'on n'entendoit que les plaintes et les cris des femmes et des enfans, qui croyoient déjà voir l'ennemi dans leur enceinte.

Toute cette rumeur provenoit d'un grand nombre de fuyards, qui étoient venus annoncer, que les Rois Ryon, Clarion d'Irlande, Soygner de la terre-aux-Rois et Seraux, avançoient à la tête de quinze mille hommes, pillant et ravageant tout, emmenant les hommes et les bestiaux, détruisant les villages et les bourgs.

Au soleil levant, on découvrit la tête de l'armée, qui couvroit une grande étendue de pays. Quelques-uns des soldats les plus braves s'en détachèrent et vinrent insulter les habitans par de grands cris, les provoquant à sortir pour les combattre.

Pendant ce temps, Artus et le reste de la troupe s'étoient couverts de leurs armes, et bien-tôt ils sortirent de chez Blaise. Ils traversèrent la ville dans le meilleur ordre, précédés de Merlin, portant la fameuse enseigne du Dragon. Jamais peut-être on n'avoit rassemblé compagnie aussi leste et aussi richement armée ; tout le monde les admiroit, et s'ouvroit pour les laisser passer. Ils s'avancèrent jusqu'à la porte qui donnoit vers l'ennemi, où ils furent bien-tôt joints par les Chevaliers de la Table Ronde, sous les ordres d'Hervy-le-Vieil, et Malot-le-Blond. Dix mil hommes s'étoient joints à eux, et un pareil nombre gardoit les portes et les remparts.

Merlin ordonna aussi-tôt au portier d'ouvrir les portes, mais celui-ci lui répondit en riant, que cela ne se faisoit pas ainsi, qu'il falloit un ordre du Roi, mais que s'il étoit trop impatient pour l'attendre, il pouvoit l'ouvrir lui-même. C'étoit une plaisanterie, puisqu'indépendamment des serrures et des verroux fermans à clef, il falloit trente hommes pour l'ébranler sur ses gonds, et relever la herse.

Merlin, sans s'amuser à lui répondre, la frappe du fer de son enseigne, et aussi-tôt elle s'ouvrit avec fracas, et se referma d'elle-même, aussi-tôt que sa troupe fut sortie, au grand étonnement de tout le monde, qui ne pouvoit concevoir quel genre de gens ce pouvoit être.

Atteindre le détachement ennemi, l'attaquer, le disperser, fut l'affaire d'un moment. Artus surtout, ne laissoit rien devant lui. D'un seul coup de sa bonne épée, il fendoit l'homme, et quelquefois même le cheval.

Les ennemis avoient à peu de distance un corps de six mille hommes, derrière lequel ceux qui pouvoient échapper, alloient se rallier; Merlin s'avança vers cette troupe. C'étoit une témérité impardonnable à cinquante hommes d'oser attaquer un corps aussi puissant; mais Merlin auroit suffi pour le détruire lui seul, s'il eût voulu faire usage de son pouvoir. Il fit une conjuration, qui émeut à l'inssant tous les élémens. Un orage terrible éclata, la foudre, une grêle épaisse et meurtrière tomboit sur eux, et pour comble d'infortune, chacun croyoit voir un ennemi dans son voisin, et l'attaquoit avec fureur. Artus et ses compagnons tomboient sur eux pendant ce temps, et les exterminoient à loisir, ils n'étoient embarrassés que sur le choix et le nombre de leurs victimes.

A la nouvelle de la sortie des Avanturiers, Léodagan étoit accouru sur les remparts, pour juger qu'elle étoit leur intention. Il les avoit vu avec autant d'admiration que de surprise culbuter la première troupe, mais les voyant s'avancer vers la seconde, il avoit donné ordre aux Chevaliers de la Table Ronde, accompagnés de cinq mille hommes, de s'avancer pour les soutenir et favoriser leur retraite.

Lui-même, avoit fait ouvrir une autre porte, par laquelle il s'avançoit avec trois autres mille, pour prendre les ennemis en flanc;

mais *il* avoit rencontré le Roi d'Yrlande, à la tête d'un corps supérieur, qui l'avoit attaqué, repoussé, et lui-même avoit été fait prisonnier.

Les nouvelles de ce désastre furent bien-tôt portées par les fuyards jusque dans la ville, et parmi les troupes qui combattoient de l'autre côté; les ennemis reprirent courage et se retirèrent, pour donner le temps à ceux qui l'emmenoient de gagner pays, et la bataille recommença plus fort que jamais.

Merlin, à qui rien n'étoit caché, se jetta dans le plus épais des escadrons, renversant tout, accompagné de fa troupe, qui ne le perdroit jamais de vue : il eût bien-tôt atteint l'escorte qui conduisoit le Roi, au nombre de cinq cens hommes.

Elle fût presqu'anssi-tôt dispersée qu'attaquée, et Léodagan délivré. Il étoit attaché sur un mauvais bidet, sans épée et sans lance; Artus se hâta de couper ses liens, et de lui présenter un bon cheval et des armes. Sire, lui dit-il, recevez ce léger service d'un homme qui donneroit sa vie pour conserver la vôtre. Le Roi l'embrassa en le remerciant, et l'assura qu'il n'oublieroit jamais le service qu'il en avoit reçu, et qu'il n'y avoit rien en sa possession, à quoi il ne put prétendre.

Seigneur, s'écria Merlin, il n'est pas encore temps de chanter victoire, le danger n'est pas passé, suivez moi. En effet, les choses avoient bien changé de face depuis leur éloignement. Les Rois

Rois Ryon et celui de la terre des Géans, le cruel Ryolant, avoient rétabli le combat. Presque tous les Chevaliers de la Table Ronde avoient été dispersés et blessés, ils étoient entourés d'ennemis, et ne se défendoient plus que foiblement.

En même-temps, ils coururent à toute bride, vers le lieu du combat. Ryolant les apperçut le premier. A la taille d'un géant, il joignoit beaucoup de valeur et une force prodigieuse. Mes amis, cria-t-il à sa troupe, ne m'ôtez pas le plaisir d'anéantir seul, cette poignée d'insensés qui courent à leur perte, vous allez voir comment je vais les traiter. Aussitôt, il pique le cheval sur lequel il étoit monté, et s'adressant à Artus; jeune efféminé, vas rejoindre tes compagnons, dit-il, en lui lançant un pesant javelot qu'il tenoit à la main. Le coup part en sifflant, et traverse le bouclier, mais sans l'atteindre au corps. Celui-ci se roidit sur les étriers, et tenant à deux mains la terrible escalibor, lui assene sur l'épaule un coup si pesant, que la cuirasse ne pouvant pas résister, la moitié du colosse tomba sous les pieds du cheval, qui s'enfuit dans les rangs, emportant les restes hideux de son maître.

Ce coup horrible glaça de frayeur tous ceux qui en furent témoins, ils se dispersèrent, entraînant avec eux tout ce qui se trouvoit sur leur passage. Les cinquante compagnons se répandirent de tous les côtés où ils appercevoient encore de la résistance, pour délivrer ceux de leur parti qui ne se défendoient qu'avec beaucoup de peine.

La belle Genièvre, à qui l'on avoit annoncé la prise de son père, étoit accourue sur les remparts toute en larmes pour tâcher d'en apprendre des nouvelles. Ce fut avec la plus vive satisfaction qu'elle le reconnut au milieu de la troupe des étrangers; elle ne le perdoit pas de vue, bien-tôt elle eût encore à trembler pour ses jours. Léodagan, emporté par son courage, s'étoit éloigné de la troupe de ses libérateurs. Il fut rencontré par deux Géans, qui se jettèrent sur lui. L'un d'eux l'abatit d'un coup de lance, et l'autre se disposoit à lui écraser la tête d'un pesant coup de massue, lorsqu'Artus, qui ne l'abandonnoit pas un instant, d'un seul coup de son épée, envoya par terre les deux bras et la tête de ce monstre. Geneviève jetta un cri de joye à la vue de cette action, et la reconnoisance qu'elle conçut pour l'inconnu, prépara son cœur à des sentimens plus tendres.

Sire, lui dit Artus, vos jours sont précieux, la journée a été bien fatiguante pour vous; puisque vos ennemis sont défaits, abandonnez-nous leur poursuite, et entrez dans la Ville où votre présence fera renaître la joye et la confiance; nous allons achever de dissiper et de poursuivre vos ennemis.

Ils le firent avec tant d'acharnement, unis aux Chevaliers de la Table Ronde, qui n'avoient pas voulu se séparer d'eux, que la nuit entière se passa avant qu'il en revint un seul, et déjà on déploroit dans la ville, leur perte qu'on regardoit comme certaine, lorsqu'ils se présentèrent à la porte.

On les reçut comme des libérateurs, le peuple les accompagna jusqu'au Palais, où Léodagan les accabla de caresses. Ils furent désarmés par les Dames, qui les regardoient avec admiration, sur-tout Artus, dont la grande jeunesse, n'auroit jamais laissé soupçonner sa force et son courage.

Ce fut Geniévre elle-même qui lui rendit ce service, et qui lui présenta des linges fins, pour essuyer sa face et son col, selon l'usage du temps. Elle servit ensuite àtable, à la tête d'une troupe de jeunes filles choisies entre les plus jolies ; on croyoit ne pouvoir jamais assez honorer les héros qui venoient de sauver l'Etat.

Léodagan remarquoit avec plaisir, que les regards du jeune homme ne s'éloignoient presque jamais de sa fille. Ah ! Ciel, disoit-il en lui-même, si un tel homme s'unissoit à elle, combien je devrois me croire heureux. Plût-à-Dieu que sa naisance n'oppose pas une barrière insurmontable à ce mariage !

Il ne pouvoit cependant croire qu'elle ne fût pas illustre ; la richesse de ses armes, les respects que lui rendoient ses compagnons, sa conversation, ses manières, tout annonçoit un homme qui n'étoit pas du commun.

Après le dîner, Léogadan fit apporter au milieu de la salle, les plus précieuses dépouilles de l'ennemi. Seigneur, dit-il aux étrangers, ne refusez pas ce léger présent, que nous devons d'ailleurs à votre valeur. Sire, répondit Artus au nom de tous. ces richesses vous appartiennent de droit, permettez que nous vous obligions sans intérêt ; quand à moi, je tâcherai de me rendre digne de votre amitié et de votre estime, et si jamais j'y parvenois, il est un autre bien.... il rougit et n'acheva pas ; la belle Genievre, sur laquelle il avoit jetté les yeux, en disant ces mots, rougit aussi, et tourna la tête pour cacher son embarras.

Seigneur, reprit Léodagan, en le fixant avec bonté, il n'est rien en mon pouvoir à quoi vous ne puissiez prétendre, je vous en ai déjà donné ma parole, et j'en renouvelle l'assurance ; mais j'exige que vous preniez ces richesses comme un gage de mon amitié, et je veux en outre que vous et vos compagnons, veniez prendre un logement dans mon Palais, où déjà j'ai fait apporter tout ce qui vous appartient.

Artus ne pût se défendre d'accepter ces offres, mais il fit sur le champ la distribution du butin avec une générosité et un désintéressement qui redoublèrent l'estime du Roi. Il ne garda rien pour lui. Il envoya à son hôte plusieurs chevaux et de belles armes, et à sa jolie épouse, quelques bijoux précieux, et une grande quantité d'étoffes riches, propres à faire des robes et des ameublemens. Ici le Romancier cesse de parler de cet objet, pour s'occuper d'autres choses.

CHAPITRE XIX.

NOUVELLE *invasion des Sesnes dans la Grande-Bretagne. Arrivée de plusieurs jeunes Chevaliers dans ce Royaume, avantages qu'ils remportent, en l'absence du Roi sur les ennemis.*

LE Roi Neutres de Garlot avoit un fils en âge d'être armé Chevalier, mais il ne vouloit recevoir cet ordre que de la main de celui de la Grande-Bretagne, son oncle. La division qui regnoit entre son père et lui, étoit un obstacle à la proposition qu'il en eût pu faire, il auroit été assuré d'être refusé ; mais aucune considération ne pouvoit le retenir, il auroit seulement desiré n'être pas le seul qui prit ce parti.

Loth d'Orcanie avoit aussi quatre fils, dont le plus jeune étoit en état de porter les armes. Galachin résolut de s'adresser à l'aîné d'entr'eux, pour l'engager à l'accompagner. Il lui dépêcha un messager, avec invitation de se rendre aux Fêtes de Pentecôte prochaine, à la forêt de Broceliande, pour aviser en commun au moyen d'exécuter leur dessein.

Gauvin, c'est ainsi que s'appelloit cet aîné, partageoit depuis long-temps l'opinion de son cousin, et n'étoit arrêté que par le même motif. Il fit part à ses frères de cette résolution, et ils firent le projet de se rendre tous ensemble au lieu indiqué.

Galachin les y attendoit déjà ; la conversation ne roula que sur le mérite du Roi Artus, et sur les moyens de paroître avec avantage à sa Cour. Cela eût été difficile, s'ils n'étoient convenu en même-temps, de prévenir leur mère, dont ils connoissoient les dispositions favorables.

Leur attente ne fut pas trompée ; elles apprirent avec plaisir cette résolution, et leur donnèrent de grandes facilités à l'exécuter, en leur fournissant tout l'argent dont elle pouvoient disposer. De leur côté, les Princes engagèrent un grand nombre de jeunes gens de leur âge à les accompagner, et ils réunirent jusqu'à six cent Chevaliers, avec lesquels ils convinrent de se rejoindre au port de mer le plus prochain.

La traversée fut heureuse, ils débarquèrent dans un lieu éloigné de quelques lieues de la ville de Logres, à l'entrée d'une forêt qu'il falloit traverser. Toute la troupe marchoit armée, et dans le plus grand ordre, lorsqu'ils virent accourir vers eux, une troupe de paysans et quelques soldats épouvantés, qui s'enfuyoient.

Les jeunes Princes les arrêtèrent; en leur demandant la cause de cette épouvante. Ah Seigneurs, répondirent-ils, n'allez pas plus avant, si vous n'êtes soutenus par un corps plus nombreux; les Sesnes, ces cruels ennemis de notre pays, viennent de nous attaquer, ils ont détruit nos habitations, emmenent nos femmes et nos bestiaux, ils n'épargnent personne.

Combien sont-ils donc, reprit Galachin, — environ quinze cent. — Eh bien, suivez-nous, et pendant que nous les combattrons, vous aurez le temps de reprendre leur butin, et vous le conduirez à Logres, où nous irons vous rejoindre.

Les Sesnes furent en effet, attaqués avec tant de courage, il en périt un si grand nombre au premier choc, que le reste prit la fuite, et se replia vers le corps d'armée. Le butin fut repris, et les Princes pouvoient se retirer en sûreté, s'ils avoient voulu, mais, lorsque la prudence n'accompagne pas la valeur, ont court toujours les plus grands risques.

Ces jeunes gens, fiers de l'avantage qu'ils avoient remporté, s'abandonnèrent trop à la poursuite des fuyards, et ils tombèrent dans un corps plus nombreux et frais, qui les entoura de tous les côtés, et leur fit courir les plus grands dangers. Heureusement, ceux qui avoient conduit la prise, avoient fait sonner l'alarme dans la Ville, il en sortit à l'instant, un corps de dix mille hommes, qui vola à leur secours. Il en étoit temps. Leurs chevaux avoient été tués, la plûpart de leurs gens étoient blessés, et ils ne se défendoient presque plus, lorsque le secours arriva.

Les Sesnes ne firent aucune résistance, ils se battirent en rétraite, et l'on ne voulut pas les poursuivre trop loin, dans la crainte de tomber dans quelqu'embuscade, dans un pays entièrement couvert de bois. Ils rentrèrent dans la Ville aux acclamations de tous les habitans, qui leur témoignoient leur joye.

Bien-tôt un nouveau Prince, attiré par la haute réputation dont jouissoit Artus, vint augmenter leur nombre, c'étoit le vaillant Sagremor, fils du puissant Empereur de Constantinople, qui avoit quitté la cour de son père, pour venir recevoir l'Ordre de Chevalerie des mains du Souverain de la Grande-Bretagne.

Il avoit voulu y paroître avec un éclat digne de sa naissance; il étoit accompagné de plusieurs grands Seigneurs du pays, et d'une escorte nombreuse et choisie. Il avoit abordé dans un autre lieu plus éloigné de Logres, mais également couvert de Bois. Après s'être rafraîchi quelques jours, il prit le chemin de cette Ville, à travers un pays rempli d'ennemis. Il auroit pu choisir une route plus longue et plus sûre, mais son courage ne lui permettoit pas de se déranger, par la considération du danger.

Il auroit cependant été la dupe de sa confiance, sans l'attention de Merlin, qui veilloit aux intérêts du Royaume, pendant l'absence du Souverain. A peine eût-il fait une lieue dans la forêt, qu'il fût attaqué par des forces supérieures, contre lesquelles il
soutint

soutint un combat vigoureux. Bien-tôt les ennemis se renforcèrent, et ils alloient être accablés, lorsqu'ils furent secourus.

Merlin, sous la figure d'un paysan difforme, se transporta en un instant sous les murs de Cramalot, où les cinq Princes étoient venus passer quelque temps, après s'être fait guérir de leurs blessures. Il prit l'attitude d'un homme livré à la plus profonde douleur, dans dans le moment où Gauvain faisoit sa ronde couvert de ses armes. Celui-ci lui demanda quel sujet il pouvoit avoir de se livrer ainsi à l'affliction. Ah ! Seigneur, répliqua celui-ci, j'en ai un bien grand sujet, les Sesnes qui viennent d'ariver dans ce canton, ont pillé tout mon bien, et m'avoient fait moi-même prisonnier, mais je me suis sauvé, à la faveur d'un combat qu'ils livrent en ce moment à un jeune Damoiseau de la plus haute valeur, qui se rendoit à la Cour de notre Roi, pour y recevoir l'Ordre de Chevalerie ; vous devriez voler à son secours, il en est peut-être encore temps.

Gauvain fit aussi-tôt sonner l'alarme dans le Château. Tout le monde fut prêt en peu de momens, mil hommes sortirent sous ses ordres, et le paysan les guida vers le combat. La victoire fut complette, et Sagremor fut ramené en triomphe à Cramalot.

L'éloignement du Roi dont personne ne connoissoit les motifs ni le but, chagrinoit tout le monde. Les Sesnes plus nombreux que les Sauterelles, s'étoient répandus de tous les côtés, et l'on ne pouvoit s'éloigner des places fortes, sans être pillé et fait prisonnier.

Gauvain, eût bien-tôt occasion de rendre un nouveau service bien plus important pour lui ; puisque ce fut son propre père, sa mère et son jeune frère Mordrec qu'il délivra des mains des ennemis.

Un Ecuyer, hors d'haleine et blessé, accourut au Château d'Arondel où les jeunes guerriers demeuroient depuis quelques jours. Ah ! Seigneur, s'écria-t-il, en reconnoissant son Prince, hâtez-vous de voler au secours de vos parens, qu'un parti de trois mille homme a enveloppé dans la forêt voisine.

Sauter sur son bon cheval, donner à la hâte ordre de le suivre à tous ceux qui le pourroient, et partir au grand galop vers le lieu qu'on lui avoit désigné, fut l'affaire du moment. Ses frères et Sagremor, eurent beau faire la plus grande diligence, ils ne purent jamais l'atteindre.

Il étoit temps qu'il arrivât. Un barbare s'étoit emparé de la Reine, et s'efforçoit de lui faire le dernier outrage. Arrête scélérat, lui cria-t-il, animé de toutes les passions à-la-fois, mille vies comme la tienne, ne suffiroient pas à ma vengeance. Le Sesne qui étoit courageux, et qui se voyoit menacer, abandonna sa proye, sauta sur son cheval, et vint sur Gauvain, l'épée à la main. Celui-ci reçut le coup sur son bouclier qui fut fendu par la moitié; mais le saisissant au passage, il l'arracha des arçons, lui fit sortir par force son casque de la tête, et avec son gantelet, lui meurtrit la figure jusqu'à ce qu'il le vît sans mouvement ; après cela, il le laissa tomber, et lui fit passer son cheval sur le corps, jusqu'à ce qu'il lui eût fait vomir son ame impure.

Pendant que cela se passoit, ses trois frères rencontrèrent l'Ecuyer qui fuyoit avec le jeune Mordrec qu'il avoit soutrait à la barbarie des Sesnes. Ils vinrent ensemble jusqu'au lieu où Gauvain, après sa victoire, venoit de descendre de cheval, et donnoit des secours à sa mère qui étoit étendue sans force au pied d'un arbre voisin.

Ah ! mes enfans, s'écria-t-elle, quelle consolation pour moi de vous devoir la vie et l'honneur, mais volez au secours de votre père, qui se défend près d'ici contre une troupe d'ennemis, peut-être même a-t-il déjà succombé. Ils remontèrent à cheval, et en arrivant, ils trouvèrent que les choses avoient bien changé de face. Sagremors avoit hâté la marche de cette troupe; il avoit surpris l'ennemi, et l'avoit taillé en pièces; mais le Roi Loth, croyant avoir presqu'également à redouter les Bretons et les Sesnes, avoit profité du moment, pour s'enfuir à toute bride, avec un petit nombre des siens. Ce fut par un homme de sa suite, qui étoit resté blessé sur le champ de bataille, qu'on apprit cette circonstance.

Ils revinrent tous ensemble au lieu où étoit la Reine, et ils la firent porter jusqu'au Château d'Arondel, sur une bière chevaleresque qu'on construisit sur le lieu même, et qu'on recouvrit d'herbes fraîches et de plusieurs manteaux.

Après s'être reposés quelques jours, ils reprirent le chemin de Cramalot, où ils furent parfaitement bien reçus par Dom de Cardeuil, que le Roi avoit établi son Lieutenant-général pendant son absence. On fit des fêtes à la Reine d'Orcanie, autant que pouvoit le permettre l'état de détresse dans lequel tout le monde vivoit, relativement aux incursions de l'ennemi.

On se doute bien que Merlin avoit joué le premier rôle dans toutes ces affaires. C'étoit lui qui sous la figure d'un paysan, avoit sauvé Sagremors lors de son arrivée, c'étoit encore lui qui avoit emprunté celle d'un Ecuyer de

Loth, pour avertir ses fils du danger qu'il couroit.

Gauvain, dans les transports de sa reconnoissance, l'avoit fait chercher inutilement par tout, et la proclamation qu'il avoit faite pour l'engager à se faire connoître, avoit également été inutile. Dom de Cardeuil, à qui il fit part de sa peine à cet égard, lui dit en riant de ne pas se tourmenter pour cela, puisque c'étoit problablement Merlin, de qui il avoit reçu ce service.

Dans la Partie suivante, nous verrons Merlin, devenir sensible aux plaisir de l'amour, et enfin être victime de sa passion.

Fin de la première Partie.

www.ingramcontent.com/pod-product-compliance
Lightning Source LLC
Chambersburg PA
CBHW070544160426
43199CB00014B/2363